国家中等职业学校示范建设课程改革创新系列教材
中职中专汽车运用与维修专业系列教材

汽车电气设备拆装与检测

郑彦文　刘长江　主　编
刘艳军　宋　涛　副主编

科学出版社

北　京

内 容 简 介

本书以提高学生的职业实践能力和职业素养为理念，以提高课程教学质量为核心，以学生的职业能力为中心，以职业活动为导向，突出能力目标，以学生为主体，以项目任务为载体，紧密结合汽车行业服务标准和职业能力要求，以实际工作任务构建课程教学内容，创造基于工作过程的教学环境，实行教、学、做一体化，实践、理论一体化教学。为适应汽车专业教学改革的需要，本书在编写过程中加强了实用性和可操作性。

本书既可作为中等职业学校汽车运用与维修专业、汽修相关专业的教学用书，也可作为相关岗位从业人员的学习参考用书。

图书在版编目(CIP)数据

汽车电气设备拆装与检测/郑彦文，刘长江主编. —北京：科学出版社，2015

（国家中等职业学校示范建设课程改革创新系列教材·中职中专汽车运用与维修专业系列教材）

ISBN 978-7-03-044011-2

Ⅰ.①汽… Ⅱ.①郑… ②刘… Ⅲ.①汽车－电气设备－装配（机械）－中等专业学校－教材②汽车－电气设备－故障检测－中等专业学校－教材
Ⅳ.①U463.6②U472.9

中国版本图书馆 CIP 数据核字（2015）第 063249 号

责任编辑：张振华 / 责任校对：马英菊
责任印制：吕春珉 / 封面设计：曹 来

科 学 出 版 社 出版
北京东黄城根北街 16 号
邮政编码：100717
http://www.sciencep.com

北京虎彩文化传播有限公司 印刷
科学出版社发行 各地新华书店经销
*
2015 年 12 月第 一 版 开本：787×1092 1/16
2020 年 8 月第五次印刷 印张：11 1/2
字数：250 000
定价：30.00 元
（如有印装质量问题，我社负责调换〈虎彩〉）
销售部电话 010-62136230 编辑部电话 010-62135120-2005（VT03）

前　　言

随着汽车应用技术的不断发展，企业对懂理论、能操作、有素养的技术技能型人才提出了更高的要求。按照"以能力为本位，以职业实践为主线，以项目课程为主体的模块专业课程体系"的总体设计要求，编者与教学经验丰富、实践能力强的教师及企业一线专家依据"汽车运输类专业工作任务与职业能力分析表"中的汽车维修常见工作项目编写了本书。

本书共分为汽车电气系统的认识与使用、汽车电源系统的拆装与检测、汽车起动系统的拆装与检测、汽车照明系统的拆装与检测、汽车信号系统的拆装与检测、汽车辅助电气系统的拆装与检测等6个学习项目。

本书在编写过程中，本着"实践为主，理论为辅"的理念，将生产第一线的工作任务经过加工设计，转换成为与教学类型和层次相匹配的教学任务。采用"学中做，做中学"的教学模式，打破传统的"老师讲、学生听"的上课模式，转变为以工作任务为中心组织课程内容，并让学生在完成具体项目的过程中学会完成相应的工作任务，并构建相关理论知识，发展职业能力。本书内容突出对学生职业能力的训练，理论知识的选取紧紧围绕工作任务完成的需要来进行，同时融合了相关职业资格等级标准对知识、技能和态度的要求。项目设计以总成及部件的拆装与检测作业项目为主线来进行。在拆装与检测中，加深对专业知识、技能的理解和应用。

本书由奈曼旗民族职业中等专业学校汽车运用与维修专业组编写，郑彦文、刘长江担任主编，刘艳军和宋涛担任副主编，陶树杰、周振龙、孙德霞、张凤全、邢健等共同参与编写。其中，由刘长江编写项目1和项目5、郑彦文编写项目2、项目3和项目4、陶树杰编写项目6中的任务1、周振龙编写项目6中的任务2、刘艳军编写项目6中的任务3、宋涛编写项目6中的任务4、孙德霞编写项目6中的任务5、张凤全编写项目6中的任务6、邢健编写项目6中的任务7。

由于编者经验和水平有限，书中难免存在不妥和疏漏之处，恳请广大读者批评指正。

编　者

目　　录

1

项目

汽车电气系统的认识与使用

>>>>>

◎ **项目导读**

汽车电气设备是汽车的重要组成部分，汽车电气性能的好坏直接影响汽车的动力性、经济性、安全性、可靠性、舒适性及环保性等方面的性能。随着汽车电子技术的发展，汽车电气设备系统的数量越来越多。

◎ **项目目标**

知识目标

● 了解汽车电气设备的组成与特点。
● 掌握汽车电气设备常用维修工具与测量仪器的使用。

技能目标

● 能够认识汽车电气系统各组成部分在车上的位置。
● 能够使用工具及仪器设备对汽车电气设备进行基本的测量与检测。

任务 1.1 汽车电气系统的认知

◎ 任务目标

1. 了解汽车电气设备的组成与特点。
2. 认识汽车电气系统各组成部分在车上的位置。

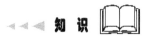

知识 1 汽车电气设备的组成

现代汽车的电气设备种类和数量都很多，按照其功能可以分为以下几个系统：

1）电源系统：主要包括蓄电池和发电机。蓄电池是汽车的辅助电源，发电机是汽车运行中的主电源。其作用是向用电设备提供稳定的低压直流电能。

2）起动系统：主要包括起动机及其控制电路。其作用是用来起动发动机。

3）点火系统（仅用于汽油机汽车）：主要包括点火线圈、点火器、分电器总成、火花塞等。其作用是产生足够强的电火花，适时可靠地点燃气缸中的可燃混合气。

4）照明系统：包括车外和车内的照明灯具及其控制装置。其作用是提供车辆夜间安全行驶和工作必要的照明。

5）信号装置：包括声响信号和灯光信号两类。其作用是提供安全可靠行车所必需的信号。

6）仪表及报警装置：仪表主要包括车速里程表、发动机转速表、水温表、燃油表等。报警装置包括电源系统警告灯、机油压力警告灯及各种警告灯等。其作用是监测发动机及汽车的工作情况，使驾驶员能够通过仪表及报警装置，及时发现发动机及汽车运行的各种参数及异常情况，确保汽车正常运行。

7）舒适与安全装置：包括电动风窗刮水器、风窗洗涤器、空调装置、汽车音像设备、电动车窗、电动座椅、汽车防盗装置等。辅助电气设备有日益增多的趋势，主要向舒适、娱乐、保障安全等方面发展。车辆的豪华程度越高，辅助电气设备就越多。

知识 2 汽车电气设备的特点

汽车电气设备种类繁多，功能各异，但具备以下共同的特点。

1）两个电源。汽车上有蓄电池和发电机两个电源。

2）低压直流。汽油车多采用 12V 电源，柴油车多采用 24V 电源。由于蓄电池为直流电源，所以汽车电气系统采用直流电。

3）用电设备并联。汽车上的各种用电设备都采用并联方式与电源连接，每个用电设备都由各自串联在其支路中的专用开关控制，互不产生干扰。在使用中，当某一个支路用电设备损坏时，不会影响其他支路用电设备的正常工作。

4）负极搭铁。将蓄电池的负极与车体相连接，称为负极搭铁。

5）单线制。从电源到用电设备使用一根导线连接，而另一根导线则用汽车车体或发动机机体的金属部分代替。单线制可节省导线，使线路简化、清晰，便于安装与检修。

◀◀◀ **实　训**

实训　认识汽车电气系统各组成部分在车上的位置

实训准备

工作场景：理实一体化教室。

设备器材：桑塔纳轿车。

技术要求：注意安装车轮挡块，确保人身安全。

实训操作

1. 认识蓄电池

01 打开引擎盖，如图 1.1.1 所示。

图 1.1.1　打开引擎盖

02 指出蓄电池在汽车发动机舱内的位置，如图 1.1.2 所示。

图 1.1.2　蓄电池位置

2. 认识汽车发电机

在发动机舱中指出发电机的位置（图 1.1.3），并观察其结构，如图 1.1.4 所示。

图 1.1.3　发电机安装位置

图 1.1.4　发电机

3. 认识起动机

在发动机舱中指出起动机的位置，并观察其结构，如图 1.1.5 所示。

图 1.1.5　起动机

4．认识汽车点火系统

打开引擎盖，观察火花塞等点火系统部件在车内的位置及主要组成部件，如图 1.1.6 所示。

图 1.1.6　点火系统

5．认识照明系统

进入车内，打开汽车照明灯开关，在车前方观察汽车照明系统，如图 1.1.7 所示。

图 1.1.7　照明系统

6．认识信号系统

进入车内，打开汽车信号灯开关，在车内外观察汽车信号系统，如图 1.1.8 所示。

图 1.1.8 转向信号灯

7. 认识仪表及报警装置

进入车内驾驶室，观察汽车仪表及报警装置，如图 1.1.9 所示。

图 1.1.9 仪表及报警装置

8. 认识舒适与安全装置

进入车内打开点火开关，操作汽车辅助电气开关，观察辅助电气位置及工作情况，如刮水器（图 1.1.10）、电动后视镜、电动座椅、中控门锁等。

图 1.1.10 刮水器

考核评价

操作完毕后，结合表 1.1.1 对本次实训过程及结果进行客观的评价，包括学生自评、小组互评和教师总体评价。评分完成后，学生可填写学习体会，包括本次实训的完成情况、完成效果、收获体会和改进措施等。

表 1.1.1　考核评价表

序号	测评内容	分值	评分标准	自评	互评	师评
1	找到蓄电池在汽车上的位置	10 分	操作正确即得分，操作错误或未进行操作即 0 分			
2	找到发电机在汽车上的位置	10 分	操作正确即得分，操作错误或未进行操作即 0 分			
3	找到点火系统在汽车上的位置	10 分	操作正确即得分，操作错误或未进行操作即 0 分			
4	找到照明系统在汽车上的位置	10 分	操作正确即得分，操作错误或未进行操作即 0 分			
5	找到信号系统在汽车上的位置	10 分	操作正确即得分，操作错误或未进行操作即 0 分			
6	找到仪表报警装置在汽车上的位置	10 分	操作正确即得分，操作错误或未进行操作即 0 分			
7	找到舒适与安全装置在汽车上的位置	10 分	操作正确即得分，操作错误或未进行操作即 0 分			
8	能说出汽车电气系统的特点	30 分	操作正确即得分，操作错误或未进行操作即 0 分			

综合得分：　　　　　　　　　　　　　　　　　教师签字：

学习体会：

课 堂 练 习

一、判断题

1. 汽车上所有电气设备采用串联方式连接。　　　　　　　　　（　　）
2. 汽车上使用的是交流电。　　　　　　　　　　　　　　　　（　　）
3. 汽车上所有电气设备连线采用正负两根线连线。　　　　　　（　　）
4. 汽车上电源电压多采用 36V 的安全电压。　　　　　　　　　（　　）

二、单选题

1. 汽车信号装置包括（　　　）信号和（　　　）信号两类。

　　A．灯光　　　　　　B．声响　　　　　　C．起动　　　　　　D．点火

2. 汽车的电源系统包括蓄电池和（　　　）。

　　A．起动机　　　　　B．发电机　　　　　C．照明系统　　　　D．信号系统

任务 1.2 汽车电气系统常用维修工具及仪器的使用

◎ 任务目标

1. 掌握汽车电气设备常用维修工具与测量仪器的使用。

2. 使用工具及仪器设备对汽车电气设备进行基本的测量与检测。

◄ ◄ ◄ 知　识

知识 1　试灯

汽车电路的检测试灯有无源试灯和有源试灯两种。

1. 无源试灯

无源试灯就是在一段导线中连接一个 12V 灯泡（图 1.2.1），当试灯一端搭铁另一端接触到带电的导体时，灯泡就会点亮，它不能像电压表一样显示出被检电路点的电压，只能显示是否有电压，如图 1.2.2 所示。警告：不提倡用试灯检测电控单元及其电路，容易烧坏计算机的内部控制电路。

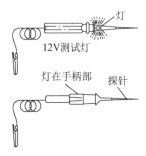

图 1.2.1　无源试灯

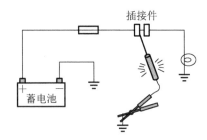

图 1.2.2　无源试灯的使用

2. 有源试灯

有源试灯同无源试灯类似，只是自带一个蓄电池，当连接到一条导线的两端上时，

试灯内灯泡点亮，可用于测试线路的通、断，如图 1.2.3 所示。

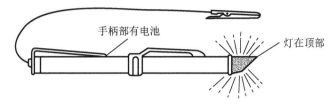

手柄部有电池　　　灯在顶部

图 1.2.3　有源试灯

知识 2　跨接线

跨接线可作为故障诊断的辅助工具，如图 1.2.4 所示，可用于跨过某段被怀疑已断开的导线，而直接向某一个部件提供电能的通路。切勿将跨接线直接跨接于正极和搭铁之间。

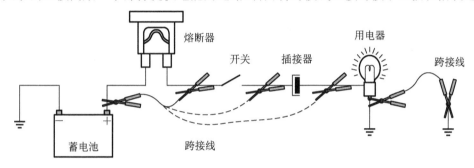

图 1.2.4　跨接线的使用

知识 3　数字式万用表

不同的汽车万用表功能及结构不完全相同，但基本都是由数字及模拟量显示屏、功能按钮、测试项目选择开关、温度测量插孔、公用插孔（用于测量电压、电阻、频率、闭合角、频宽比和转速等）、搭铁插孔、电流测量插孔、测试探针（或大电流钳）等全部或部分构成。数字式万用表如图 1.2.5 所示。

图 1.2.5　数字式万用表

知识4 汽车故障诊断仪

故障诊断仪通过数据通信线以串行的方式获得控制计算机的实时数据参数,包括故障信息、实时运行参数、控制计算机与诊断仪之间的相互控制指令。故障诊断仪有两种:通用诊断仪和专用诊断仪。

1. 通用诊断仪

通用诊断仪的主要功能有控制计算机版本的识别、故障码的读取和清除、动态数据参数显示、传感器和部分执行器的功能测试与调整、某些特殊参数的设定、维修资料及故障诊断提示、路试记录等。通用诊断仪可测试的车型较多,使用范围较宽,但它与专用诊断仪相比,无法完成某些特殊功能。通用诊断仪如图 1.2.6 所示。

车博仕 V-30   金德 KT600

图 1.2.6　通用诊断仪

2. 专用诊断仪

专用诊断仪除具有通用诊断仪的功能之外,还能完成某些特殊功能,诊断的内容更详细、更完善。专用诊断仪如图 1.2.7 所示。

大众 V.A.G1552 诊断仪   大众 VAS5051 诊断仪

图 1.2.7　专用诊断仪

V.A.G1552 与 VAS5051 都是由德国大众公司设计的电控系统故障诊断仪,可用于大众捷达、高尔夫、奥迪、红旗、帕萨特、桑塔纳、宝来等车型的发动机、自动变速器、防抱死制动系统（Anti-lock Braking System，ABS）、防盗器、自动空调等系统的检测。V.A.G1552 故障诊断仪和车辆上的自诊断系统联用,能够读取和清除故障存储器,读取系统的数据流数据,对执行元件诊断及对部件进行基本设置等。另外,通过更换检测程序卡进行升级,可以检测最新车型控制系统的故障。VAS5051 同时可以执行 V.A.G1552 的所有功用,除此之外还具有自我诊断、测量、故障引导和功能引导等功用。

知识 5　汽车示波器

汽车示波器,顾名思义就是用来检测汽车电子电路故障的示波器。常见的汽车专用示波器按功能一般可分为专用型示波器和综合型示波器两种。

1. 专用型示波器

这类示波器专用性比较强,可以精确地显示各种变化的波形,如点火一次波形、二次波形、各种传感器的输入输出电压波形、各种执行器的电流或电压波形、脉冲宽度和占空比等,缺点是功能比较单一。汽车专用型示波器如图 1.2.8 所示。

2. 综合型示波器

综合型示波器除了具有专用型示波器的一般功能外,通常还具有读取与消除故障码功能和动态数据分析功能等,部分诊断仪还具有发动机动力性能测试功能等,缺点是系统稳定性及精度略低。汽车综合型示波器如图 1.2.9 所示。

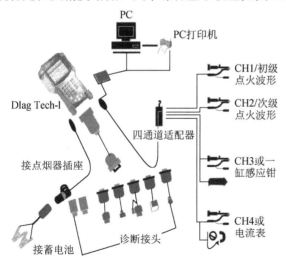

图 1.2.8　金奔腾 Diag Tech-I 汽车专用示波器　　　图 1.2.9　金德 KT600 综合型示波器

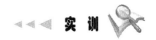

实训 认识并使用汽车电气系统常用维修工具及仪器

实训准备

工作场景：理实一体化教室。

设备器材：桑塔纳轿车。

技术要求：按照设备使用操作要求，对汽车电气系统常用工具设备进行规范操作。

实训操作

1. 汽车专用万用表的认知

数字式万用表结构如图 1.2.10 所示。

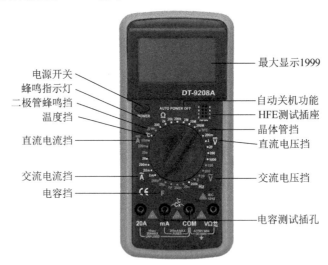

图 1.2.10 数字式万用表

1）功能按钮：电源开关、数据保持按钮。

2）测试项目选择开关：交流电压、直流电压、交流电流、直流电流、电阻、二极管、温度、闭合角、转速等。

3）插孔：COM 插孔、公共插孔（电压、电阻、二极管）、电流测量插孔、晶体管测量插孔、电容测量插孔。

4）表笔：红表笔、黑表笔。

2. 电压的测量

（1）直流电压的测量

首先将黑表笔插进"COM"孔，红表笔插进"VΩ"孔。把旋钮旋转到比估计值大

的量程　（注意：表盘上的数值均为最大量程，"V－"表示直流电压挡，"V～"表示交流电压挡，"A"表示电流挡），接着把表笔接电源或电池两端；保持接触稳定。数值可以直接从显示屏上读取，若显示为"1."，则表明量程太小，要加大量程后再测量。如果在数值左边出现"－"，则表明表笔极性与实际电源极性相反，此时红表笔接的是负极。直流电压的测量如图 1.2.11 所示。

直流电压测试：
新电池电压偏高，
超过10V属正常现象。

图 1.2.11　直流电压测量

（2）交流电压的测量

表笔插孔与直流电压的测量一样，不过应该将旋钮旋转到交流挡（V～）处所需的量程即可。交流电压无正负之分，测量方法与前面相同。无论测交流电压还是直流电压，都要注意人身安全，不要随便用手触摸表笔的金属部分。

3．电流的测量

（1）直流电流的测量

先将黑表笔插入"COM"孔，若测量大于 200mA 的电流，则要将红表笔插入"20A"插孔，并将旋钮旋转到直流"20A"挡；若测量小于 200mA 的电流，则将红表笔插入"mA"插孔，将旋钮旋转到直流 200mA 以内的合适量程。调整好后，就可以测量了。将万用表串联进电路中，保持稳定，即可读数。若显示为"1."，那么就要加大量程；如果在数值左边出现"－"，则表明电流从黑表笔流进万用表。直流电流的测量如图 1.2.12 所示。

（2）交流电流的测量

其测量方法与直流电流的测量相同，不过挡位应该旋转到交流挡位，电流测量完毕后应将红笔插回"VΩ"孔，若忘记这一步而直接测电压，将会损坏万用表或电源。

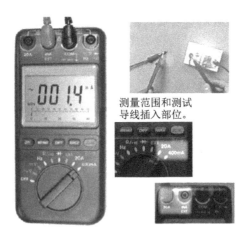

测量范围和测试
导线插入部位。

图 1.2.12　直流电流的测量

4．电阻的测量

将表笔插进"COM"和"VΩ"孔中，把旋钮旋转到"Ω"中所需的量程，将表笔接在电阻两端金属部位，测量中可以用手接触电阻，但不要把手同时接触电阻两端，这样会影响测量精确度。读数时，要保持表笔和电阻有良好的接触；注意单位：在"200"挡时单位是"Ω"，在"2k"到"200k"挡时单位为"kΩ"，"2M"以上的单位是"MΩ"。电阻的测量如图 1.2.13 所示。

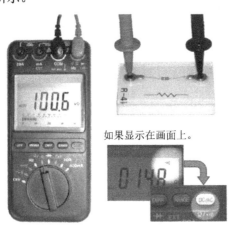

如果显示在画面上。

图 1.2.13　电阻的测量

5．二极管的测量

数字万用表可以测量发光二极管、整流二极管。测量时，表笔位置与电压测量一样，将旋钮旋到"二极管"挡；用红表笔接二极管的正极，黑表笔接负极，这时会显示二极管的正向压降。二极管的正向压降一般约为 0.2V 或 0.7V，发光二极管为 1.8～2.3V。

调换表笔，若显示屏显示"1."，则为正常（图 1.2.14）；否则此管已被击穿，如图 1.2.15
所示。

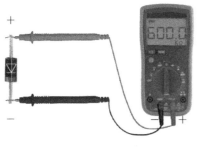

图 1.2.14　正常二极管

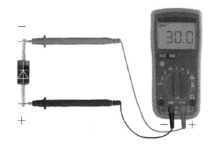

图 1.2.15　故障二极管

6. 水温传感器的测量

水温传感器的测量如图 1.2.16 所示。

01 将万用表旋钮旋转到 2kΩ 的电阻挡位上。

02 将万用表两个表笔分别接在水温传感器的引线和外壳上。

03 记下测得的电阻值，然后给水温传感器加热后再测量。

04 如果测得水温传感器电阻值下降，说明负温度系数热敏电阻传感器是好的。

05 如果测得水温传感器电阻没有变化，说明传感器已损坏。

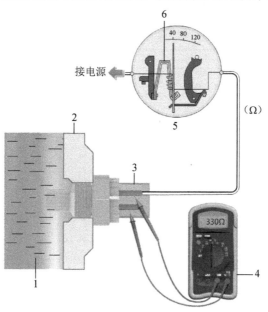

图 1.2.16　水温传感器的测量

1—水；2—水套；3—水温传感器；4—万用表；5—水温表；6—双金属片

7. 继电器的测量

01 将万用表拨至 $R=200\Omega$ 的挡位上。

02 分别测量继电器线圈的通路、断路、短路和搭铁。

03 测量继电器触点闭合时是否导通。

04 测量继电器触点断开时是否断路。

05 继电器线圈无断路、无短路和无搭铁，触点闭合，断路自如说明继电器是好的；若任一项有问题，则说明继电器已经损坏。

8. 点火线圈的测量

01 将万用表拨至 $R=200\Omega$ 的挡位上。

02 测量点火线圈一次绕组应导通，无短路、无搭铁。

03 将万用表拨至 $R=20\mathrm{k}\Omega$ 的挡位上。

04 测量点火线圈二次绕组应导通，无短路、无搭铁。

考核评价

操作完毕后，结合表 1.2.1 对本次实训过程及结果进行客观的评价，包括学生自评、小组互评和教师总体评价。评分完成后，学生可填写学习体会，包括本次实训的完成情况、完成效果、收获体会和改进措施等。

表 1.2.1　考核评价表

序号	测评内容	分值	评分标准	自评	互评	师评
1	能正确使用试灯	10 分	操作正确即得分，操作错误或未进行操作即 0 分			
2	能认识并正确使用跨接线	20 分	操作正确即得分，操作错误或未进行操作即 0 分			
3	能够认识并正确操作万用表	30 分	操作正确即得分，操作错误或未进行操作即 0 分			
4	能认识并正确使用诊断仪	20 分	操作正确即得分，操作错误或未进行操作即 0 分			
5	能认识并正确使用示波器	20 分	操作正确即得分，操作错误或未进行操作即 0 分			
综合得分：			教师签字：			

学习体会：

◀◀◀◀◀ 课堂练习 ▶▶▶▶▶

一、判断题

1. 汽车电路的检测试灯有无源试灯和有源试灯两种。　　　　　　（　　）
2. 不可以将跨接线直接跨接在正极和搭铁之间。　　　　　　　　（　　）
3. "V—"表示直流电压挡，"V～"表示交流电压挡。　　　　　（　　）
4. 测量直流电压时，将红表笔插进"COM"孔，黑表笔插进"VΩ"孔。

（　　）

二、单选题

1. 测量电阻时，测试项目选择开关在"200"挡时的单位是（　　）。
   A. Ω　　　　　　B. kΩ　　　　　　C. MΩ　　　　　　D. V
2. 负温度系数热敏电阻传感器的阻值随温度上升而（　　）。
   A. 上升　　　　　B. 不变　　　　　C. 下降　　　　　D. 无法确定

2 项目

汽车电源系统的拆装与检测

>>>>>

◎ **项目导读**

汽车电源系统有蓄电池和发电机两种电源。汽车电源系统主要由蓄电池、发电机、调节器、充电指示装置和点火开关等组成。其主要作用是为汽车的各个用电设备提供低压直流电能。

◎ **项目目标**

知识目标

● 掌握蓄电池的基本结构与原理。
● 掌握交流发电机的基本结构与原理。

技能目标

● 能够根据工艺标准，对蓄电池进行检查与维护。
● 能够对发电机进行拆装及检测。
● 能够对电源系统常见故障进行诊断与排除。

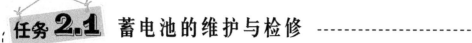

任务 **2.1** 蓄电池的维护与检修

◎ **任务目标**

1. 掌握蓄电池的基本结构及工作原理。
2. 掌握蓄电池技术状况的检查与维护。

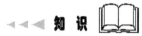

◀ ◀ ◀ 知　识

知识 1　蓄电池在汽车中的位置

蓄电池一般安装在发动机舱内，部分车型的蓄电池安装在行李箱内。其具体位置如图 2.1.1 所示。

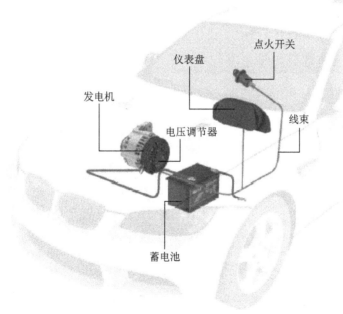

图 2.1.1　蓄电池在汽车中的位置

知识 2　蓄电池的功用

蓄电池是一种可逆的低压直流电源，它既能将化学能转化为电能，也能将电能转化为化学能，如图 2.1.2 所示。

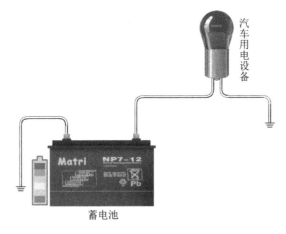

图 2.1.2　蓄电池的功用

供电——在发电机不发电时，为起动机、点火系统和其他用电设备供电，或在用电需求超过发电机供电能力时协助发电机供电。

储电——发电机正常工作时，蓄电池将发电机发出的多余电能存储起来（充电）。

稳压——吸收电路中的瞬时电压，缓和电气系统的冲击电压，保护汽车上的电子设备。

知识 3　蓄电池的常见类型及其结构

常见的蓄电池类型：铅酸蓄电池、普通蓄电池、免维护蓄电池。

铅酸蓄电池一般由六个单格电池串联而成，每单格的额定电压为 2V。普通蓄电池由极板、隔板、电解液、壳体、联条、极柱、加液孔、凸筋等组成，如图 2.1.3 所示。

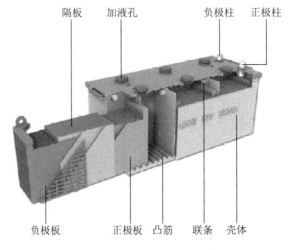

图 2.1.3　普通蓄电池的结构

　　免维护蓄电池主要由极板、隔板、电解液、壳体、正负极柱、密度计、通气孔塞等组成。大多数免维护蓄电池设有一个孔形液体比重计，它会根据电解液比重的变化而改变颜色。免维护蓄电池的结构如图 2.1.4 所示。

图 2.1.4　免维护蓄电池的结构

知识 4　蓄电池的型号

　　根据工业和信息化部 JB/T 2599—2012 铅酸蓄电池名称、型号编制与命名办法，蓄电池型号由串联的单格电池数、蓄电池的类型和特征、蓄电池的额定容量及特殊性能等三部分组成，见表 2.1.1。

表 2.1.1　铅酸蓄电池产品型号编制办法

第一部分	第二部分		第三部分	
串联的单格电池数	蓄电池的类型	蓄电池的特征	蓄电池的额定容量	蓄电池的特殊性能
用阿拉伯数字表示，如 6 代表 6 个单格电池串联，额定电压 12V	用大写的汉语拼音字母表示，例如，Q 代表起动用铅酸蓄电池；M 代表摩托车用蓄电池	用大写的汉语拼音字母表示，例如，A 代表干荷电铅酸蓄电池；H 代表湿荷电铅酸蓄电池；W 代表免维护铅酸蓄电池	20h 放电率的额定容量，单位为 A·h	用大写的汉语拼音字母表示，例如，G 代表高起动率；S 代表塑料外壳；D 代表低温性能好

　　例如，6QA60S 的蓄电池型号如图 2.1.5 所示。

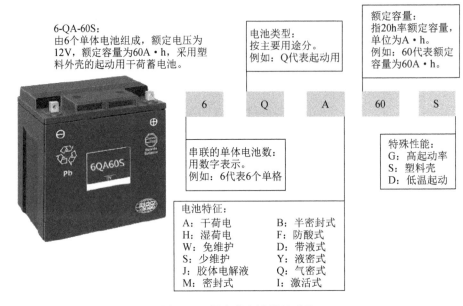

6-QA-60S：
由6个单体电池组成，额定电压为12V，额定容量为60A·h，采用塑料外壳的起动用干荷蓄电池。

电池类型：
按主要用途分。
例如：Q代表起动用

额定容量：
指20h率额定容量，单位为A·h。
例如：60代表额定容量为60A·h。

| 6 | Q | A | 60 | S |

串联的单体电池数：
用数字表示。
例如：6代表6个单格

特殊性能：
G：高起动率
S：塑料壳
D：低温起动

电池特征：
A：干荷电　　　B：半密封式
H：湿荷电　　　F：防酸式
W：免维护　　　D：带液式
S：少维护　　　Y：液密式
J：胶体电解液　Q：气密式
M：密封式　　　I：激活式

图 2.1.5　国产蓄电池常见型号

知识 5　蓄电池的工作原理

　　蓄电池的工作原理就是化学能与电能的相互转化。将两种不同的金属放入电解液中，因化学作用产生电离子，两极板之间会产生电动势。若有导线及负荷连接，则有电流通过。当蓄电池将化学能转化为电能而向外供电时，称为放电过程；当蓄电池与外界直流电源相连而将电能转化为化学能储存起来时，称为充电过程。蓄电池的工作原理如图 2.1.6 所示。

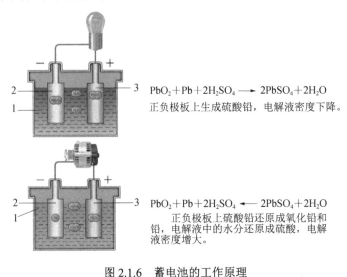

$PbO_2 + Pb + 2H_2SO_4 \longrightarrow 2PbSO_4 + 2H_2O$
正负极板上生成硫酸铅，电解液密度下降。

$PbO_2 + Pb + 2H_2SO_4 \longleftarrow 2PbSO_4 + 2H_2O$
正负极板上硫酸铅还原成氧化铅和铅，电解液中的水分还原成硫酸，电解液密度增大。

图 2.1.6　蓄电池的工作原理

1—电解液；2—负极板；3—正极板

实训　蓄电池技术状况的检查与维护

实训准备

工作场景：理实一体化教室。

设备器材：桑塔纳轿车。

技术要求：1）若电解液沾到皮肤上，用肥皂和水彻底清洗皮肤。

　　　　　2）按照维修手册规定的标准，对蓄电池进行维护。

实训操作

1. 前期准备

`01` 放置车轮挡块，如图 2.1.7 所示。

图 2.1.7　放置车轮挡块

`02` 安装车内脚垫、座椅套、方向盘套，如图 2.1.8 所示。

图 2.1.8　安装车内保护

`03` 降下左前车窗，如图 2.1.9 所示。

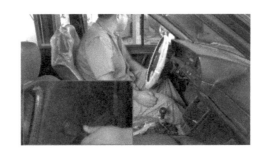

图 2.1.9　降下左前车窗

04 检查挡位是否在空挡，如图 2.1.10 所示。

图 2.1.10　检查挡位

05 拉开发动机舱盖锁拉柄，如图 2.1.11 所示。

图 2.1.11　拉开发动机舱盖锁拉柄

06 检查发动机线束，插头应无松动，线束无破损无老化，如图 2.1.12 所示。

图 2.1.12　检查发动机线束

07 检查机油液位，液面高度应在下限（min）与上限（max）之间，如图 2.1.13 所示。

图 2.1.13　检查机油液位

08 检查冷却液液位，液位应在下限（min）与上限（max）之间，如图 2.1.14 所示。

图 2.1.14　检查冷却液液位

09 检查制动液液位，液位应在下限（min）与上限（max）之间，如图 2.1.15 所示。

图 2.1.15　检查制动液液位

10 检查转向液液位，液位应在下限（min）与上限（max）之间，如图 2.1.16 所示。

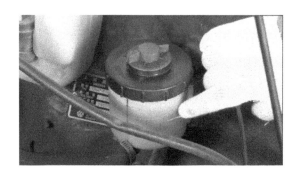

图 2.1.16　检查转向液液位

11 安装发动机舱左右翼子板垫和前格栅垫，如图 2.1.17 所示。

图 2.1.17　安装发动机保护垫

2. 蓄电池外观检查

01 检查蓄电池壳体是否有裂纹、渗漏电解液现象。如果有，则更换蓄电池。

02 检查蓄电池正负极柱是否有腐蚀物，如有则用钢丝刷子清洁。

03 检查蓄电池电缆接头与极柱和连接导线有无松动。如有应紧固或更换电缆接头。蓄电池极柱的检查方法如图 2.1.18 所示。

04 用蘸有苏打水的清洁布清洁蓄电池外观。

图 2.1.18　检查蓄电池极柱

3. 蓄电池静态电压检查

01 将万用表的红黑表笔分别插入测试孔"VΩ"和"COM"。

02 将万用表电阻挡校零。

03 将万用表的挡位旋至直流电压 20V 挡位，如图 2.1.19 所示。

04 用钢刷子清洁正负极柱顶端及正负极电缆接头。

图 2.1.19　调整万用表挡位

05 将红黑表笔与蓄电池正负极柱顶端连接，观察并记录电压读数。蓄电池电压值正常为 12～12.6V，如图 2.1.20 所示。

图 2.1.20　测量电压

小贴士

➢ 测电压时，表笔要接触蓄电池的极柱上方，不能与正负极电缆接头相连。

4. 蓄电池起动电压的检查

01 在中央继电器盒中找到喷油器电源熔体，用熔体拔取夹拔下。

02 选用直流电压 20V 挡，将万用表红表笔与蓄电池正极柱连接，黑表笔与负极柱连接。

03 将点火开关旋至"起动挡"（START 位置），并保持 3～5s。

04 读取万用表显示值的最低电压。正常时，蓄电池电压应不低于 9.6V。否则，应进行下一步检查，以确定是否需要充电或更换蓄电池。

小贴士

➤ 起动时间不超过 10s，再次进行起动测试时，要间隔 15s 以上。

5. 拆卸蓄电池

01 选用 10mm 扳手拧松蓄电池正负极接线柱固定螺母，如图 2.1.21 所示。

图 2.1.21 拆卸接线柱固定螺母

02 取下正负极接线柱，如图 2.1.22 所示。

图 2.1.22 取下正负极接线柱

03 拆下蓄电池固定压板，取下蓄电池，如图 2.1.23 所示。

图 2.1.23 取下蓄电池

小贴士

➤ 拆卸蓄电池负极接线柱前，首先确认点火开关处于关闭位置。

6. 检测蓄电池

01 使用干净的清洁布清洁蓄电池表面和蓄电池极柱，如图 2.1.24 所示。

图 2.1.24　清洁蓄电池

02 检查蓄电池壳体是否有裂纹、渗漏电解液的现象。如果有裂纹、渗漏电解液现象，则需更换蓄电池。

03 使用细砂纸打磨蓄电池正负极柱，如图 2.1.25 所示。

图 2.1.25　清洁蓄电池正负极柱

04 将蓄电池检测仪的红黑夹钳分别连接蓄电池正负极柱，如图 2.1.26 所示。

图 2.1.26　连接蓄电池检测仪

05 按下按钮（时间不得超过 10s，否则会烧坏蓄电池检测仪），检测蓄电池的性能，如图 2.1.27 所示。

图 2.1.27　按下蓄电池检测仪开关按钮

06 电压稳定后，读取数值。正常值应不小于 10V，否则蓄电池亏电或蓄电池已损坏。

7. 检查电解液及液位

01 用手拧下加液孔盖，检查外观有无损坏，通气孔是否畅通。检查完后，放置于工具车上，如图 2.1.28 所示。

图 2.1.28　检查加液孔盖

02 观察电解液是否浑浊。如果是，需要更换蓄电池。

03 使用手电筒观察每个单格的电解液液位，应在上下刻度线之间。如果液位低于下刻度线，则适当加注蒸馏水。观察方法如图 2.1.29 所示。

图 2.1.29　观察每个单格的电解液液位

8. 检查电解液密度

01 用专用清洁布清洁汽车多用途密度计的棱镜表面，如图 2.1.30 所示。

图 2.1.30 清洁密度计的棱镜表面

02 在棱镜表面的中间位置滴一滴蒸馏水进行校零，如图 2.1.31 所示。

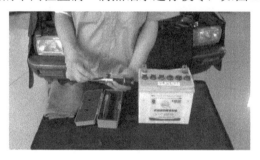

图 2.1.31 滴蒸馏水校零

03 从一个单格中提取少许电解液，滴在棱镜表面的中间位置，再合上盖板轻轻按压，如图 2.1.32 和图 2.1.33 所示。

图 2.1.32 提取电解液

图 2.1.33 合上盖板

04 将密度计对向明亮处，旋转目镜使视场内刻度线清晰，读出明暗分界线在标示板上相应标尺上的数值，再与标准值（25℃下标准值为 $1.24\sim1.31\text{g/cm}^3$）进行比较，如果读数低于标准值，则电量不足，需要充电。

05 按照上述同样方法，测量其他单格的电解液密度。

06 测试完毕，先用纸再用布清洁棱镜表面和盖板，将仪器放还于包装盒内，放到工具车上。

07 将通风孔塞安装到蓄电池上并旋紧，如图 2.1.34 所示。

图 2.1.34　旋紧通风孔塞

小贴士

➤ 吸取电解液时，要防止电解液滴落。防止电解液沾在皮肤和眼睛上，以防烧伤。如果沾上，应立即用苏打水洗净。

9. 蓄电池充电

长期不用的蓄电池，会由于自放电而导致电能不足，需要充电后再装车使用。蓄电池充电方法有定流充电、定压充电和快速脉冲充电等。最常见的充电方法是定流充电，操作流程如下：

01 蓄电池正极柱与充电机的正输出电缆线相连，蓄电池负极柱与充电机的负输出电缆线相连。

02 将充电电流调到最小值并选择合适的电压，如图 2.1.35 所示。

图 2.1.35　挡位选择

03 将充电机的电源开关打开，选择合适的电流挡位及充电时间。

04 充电完成后，将充电机正负极电缆从蓄电池接线柱上取下。

蓄电池充电完成的标志：

1）测量蓄电池端电压和电解液密度是否上升至最大值且 2～3h 内不再上升。

2）观察电解液中是否产生大量气泡，呈现"沸腾"状态。

┌─ **小贴士** ───────────────────────────────┐

　➤　蓄电池充电时，附近不能有火花。

　➤　打开充电机的开关之前，要确定充电电流调到最小值。

└──┘

10. 安装蓄电池

01 将蓄电池安装到车辆上，如图 2.1.36 所示。

图 2.1.36　蓄电池安装到车辆上

02 安装蓄电池正负极接线柱线束，如图 2.1.37 所示。

图 2.1.37　安装蓄电池正负极接线柱线束

03 选用 10mm 扳手紧固蓄电池正负极接线柱线束固定螺母，如图 2.1.38 所示。

┌─ **小贴士** ───────────────────────────────┐

　➤　安装蓄电池电缆接头时，应先安装正极，再安装负极。

└──┘

图 2.1.38　紧固蓄电池正负极接线柱固定螺母

考核评价

操作完毕后，结合表 2.1.2 对本次实训过程及结果进行客观的评价，包括学生自评、小组互评和教师总体评价。评分完成后，学生可填写学习体会，包括本次实训的完成情况、完成效果、收获体会和改进措施等。

表 2.1.2　考核评价表

序号	测评内容	分值	评分标准	自评	互评	师评
1	了解蓄电池的功用	10 分	操作正确即得分，操作错误或未进行操作即 0 分			
2	了解蓄电池的结构	10 分	操作正确即得分，操作错误或未进行操作即 0 分			
3	熟知蓄电池的基本工作原理	10 分	操作正确即得分，操作错误或未进行操作即 0 分			
4	能够对蓄电池外观进行检查	10 分	操作正确即得分，操作错误或未进行操作即 0 分			
5	能够测量蓄电池的端电压和起动电压	10 分	操作正确即得分，操作错误或未进行操作即 0 分			
6	能够测量蓄电池的电解液液位和密度	10 分	操作正确即得分，操作错误或未进行操作即 0 分			
7	能够检测蓄电池的性能	10 分	操作正确即得分，操作错误或未进行操作即 0 分			
8	能够对蓄电池进行充电	10 分	操作正确即得分，操作错误或未进行操作即 0 分			
9	能够拆卸与安装蓄电池	20 分	操作正确即得分，操作错误或未进行操作即 0 分			

综合得分：　　　　　　　　　　　　　教师签字：

学习体会：

◀◀◀◀◀ 课 堂 练 习 ▶▶▶▶▶

一、判断题

1. 将蓄电池的正负极板各一片插入电解液中，即可获得 12V 的电动势。

（　　）

2. 免维护蓄电池主要包括正负极板、隔板、电解液和外壳等。　（　　）

3. 打开充电机的开关之前，要确定充电电流调到最小值。　（　　）

4. 安装蓄电池电缆接头时，应先安装正极，再安装负极。　（　　）

5. 蓄电池可以缓和电气系统中的冲击电压。　（　　）

二、单选题

1. 蓄电池电解液的相对密度（25℃）一般为（　　） g/cm³。
    A．1.24～1.31　　　B．1.15～1.20　　　C．1.35～1.40　　　D．1.45～1.50

2. 汽车发电机对蓄电池的充电是（　　）。
    A．定压充电　　　　　　　　　　B．定流充电
    C．快速脉冲充电　　　　　　　　D．去硫充电

3. 蓄电池在放电过程中，其电解液的密度是（　　）。
    A．不断上升　　　B．不断下降　　　C．保持不变　　　D．无法确定

4. 检测蓄电池时，按下蓄电池检测仪开关按钮的时间不得超过（　　）。
    A．5s　　　　　　B．10s　　　　　　C．20s　　　　　　D．60s

5. 检测蓄电池电解液液位时，发现电解液的液位低于下刻度线，应及时加注（　　）。
    A．蒸馏水　　　B．稀硫酸　　　C．水　　　D．盐酸

任务 2.2　交流发电机的检修

◎ **任务目标**

1. 掌握交流发电机的结构与工作原理。

2. 能够正确使用工具对发电机进行拆装与检测。

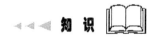

知识 1 交流发电机的结构

　　汽车上虽然装有蓄电池，但蓄电池供给的电能有限，并且在它放电以后必须及时进行补充充电。因此，汽车上的电源除了蓄电池外，发电机也是汽车电源系统的主要电源。发电机由汽车发动机驱动，它在正常工作时，除向起动系统以外的所有用电设备供电，并向蓄电池充电以补充蓄电池在使用中所消耗的电能。

　　交流发电机的结构基本相同，都是由三相同步交流发电机、硅二极管整流器两大部分组成的。三相同步交流发电机的作用是产生交流电，硅整流器的作用是将交流电转变成直流电。

　　发电机主要由定子、转子、整流器、电刷、风扇、V 带轮、端盖等结构组成，如图 2.2.1 所示。

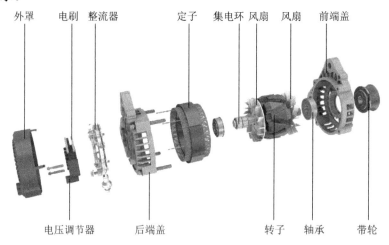

图 2.2.1　交流发电机的结构组成

　　1）定子总成。定子总成是三相交流发电机的电枢，用来产生三相交流电。它由定子铁心和三相绕组组成。定子铁心用硅钢片冲制叠压而成。为减少磁损失，硅钢片两侧涂有绝缘漆或进行氧化处理。铁心内圆冲有线槽，以便安放三相绕组。

　　2）转子总成。转子总成是交流发电机的磁极部分，用来产生磁场。它由转子轴、两块爪形磁极、励磁绕组、磁扼、集电环等组成。

　　3）整流器。整流器的功用是将定子绕组的三相交流电变为直流电。整流器由 6 只硅整流二极管组成，分别压装（或焊装）在相互绝缘的两块元件板上。

　　4）电刷。电刷的作用是与集电环接触，将直流电引入励磁绕组。电刷由石墨制成。两只电刷装在电刷架的孔内，借弹簧的压力与集电环保持接触，将直流电引入励磁绕组。电刷架多用酚醛玻璃纤维塑料制成。

5）风扇与 V 带轮。V 带轮的作用是利用传动带将发动机的转矩传给发电机的转子轴。风扇的作用是在发电机工作时，强制进行抽风冷却。常见的风扇一般用钢板冲制卷角而成，用半圆键安装在前端盖外侧的转轴上。它将发电机内的空气通过前端盖上的通风孔吸出来，使空气高速流经发电机内部，对发电机的转子绕组和定子绕组进行强制冷却。

6）端盖。端盖的作用是支承转子，封闭内部结构，它用铝合金压铸或用翻砂铸造而成。采用铝合金最主要的目的是防止漏磁，同时又可减少发电机质量，散热性能良好。端盖有前后之分，前端盖铸有安装臂，安装与调整 V 带松紧度；在后端盖内还装有电刷和电刷架。

知识 2　交流发电机的功用

交流发电机是汽车运行中的主电源，承担着向起动系统以外所有用电设备供电的任务，并向蓄电池充电，如图 2.2.2 所示。

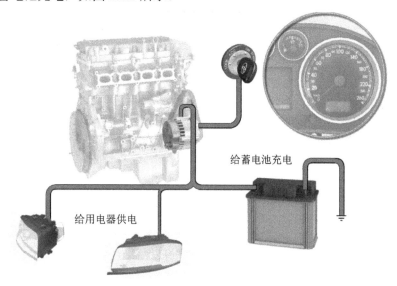

给蓄电池充电

给用电器供电

图 2.2.2　交流发电机的功用

知识 3　交流发电机的原理

1. 发电机的发电原理

发电机是根据电磁感应原理进行发电的。当导线中通入直流电时，会产生磁场，如图 2.2.3 所示。

随着转子的转动，穿过导线的磁通量发生变化，在导线中产生不断变化的感应电流，如图 2.2.4 所示。

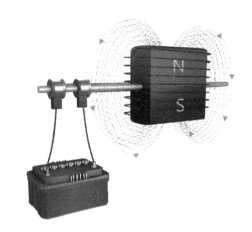

图 2.2.3　发电机的发电原理

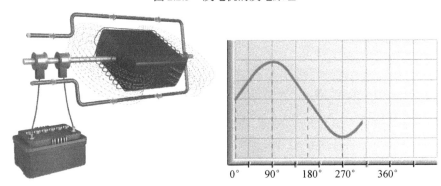

图 2.2.4　产生的感应电流波形

交流发电机在转子外部采用三相对称绕组，当转子旋转时，旋转的磁场和三相绕组之间产生相对运动，在三相绕组中分别产生交流电流，如图 2.2.5 所示。

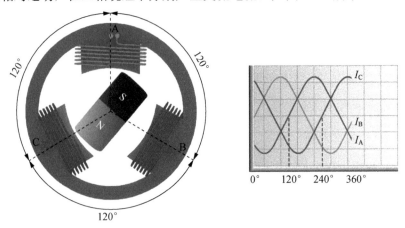

图 2.2.5　交流电流波形

2.　交流发电机的整流原理

1）一相整流。当线路中装一只整流管时，只能让单一方向的电流通过，反方向则不能流过，称为半波整流；当线路中装两只整流管时，正反方向的电流都能利用，称为全波整流。一相整流原理如图 2.2.6 所示。

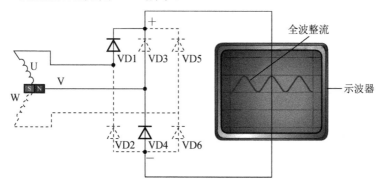

图 2.2.6　一相整流原理

2）三相整流。利用二极管的单向导电性，整流器将三相交流电转变为直流电。在任一瞬间，VD1、VD3、VD5 中正极电位最高者导通，不断循环，在 R 两端得到较平稳的脉冲直流电压。三相整流原理如图 2.2.7 所示。

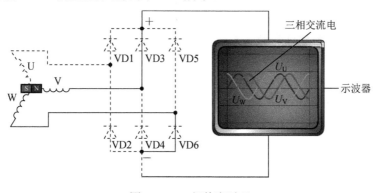

图 2.2.7　三相整流原理

3.　交流发电机的励磁方式

给交流发电机转子绕组供电使之产生磁场，称为励磁。励磁方式有他励和自励两种。

当点火开关接通时，蓄电池通过调节器向发电机励磁绕组提供励磁电流，发电机他励发电，输出电压随发电机转速升高而升高，如图 2.2.8 所示。当发电机输出电压略高于蓄电池电压时，发电机向蓄电池充电，同时励磁电流由发电机自己提供，发电机由他励发电转为自励发电。

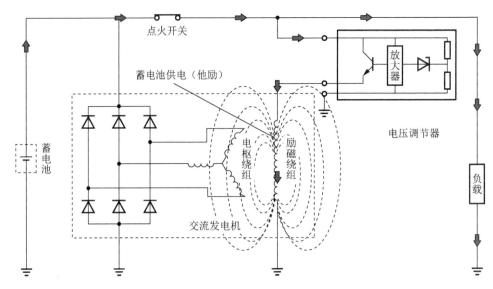

图 2.2.8　交流发电机的他励电路

知识 4　电压调节器的功用及类型

电压调节器是把发电机输出电压控制在规定范围内的装置，其功用是在发电机转速变化时，自动控制发电机电压保持恒定，使其不因发电机转速高时电压过高烧坏用电器和导致蓄电池过充电，也不会因发电机转速低而电压不足导致用电器工作失常。电压调节器根据结构和工作原理分为触点式电压调节器和电子式电压调节器，如图 2.2.9 所示。

1）触点式电压调节器：触点振动频率慢，电压调节精度低，触点易产生火花，对无线电干扰大，可靠性差，寿命短，现已被淘汰。

2）电子式电压调节器：通过利用大功率晶体管的导通或截止，接通或断开磁场电路来改变磁场电流大小。

（a）触点式电压调节器　　　　　　　　　　（b）电子式电压调节器

图 2.2.9　电压调节器的类型

知识 5　电子式电压调节器的工作原理

1）当发电机输出电压小于调节器调节上限时，因电压较低不能使稳压管反向击穿，放大器截止，使得 VT1 导通，发电机磁场电路接通，发电机电压随转速升高迅速升高，如图 2.2.10 所示。其中，F 为磁场接线柱。

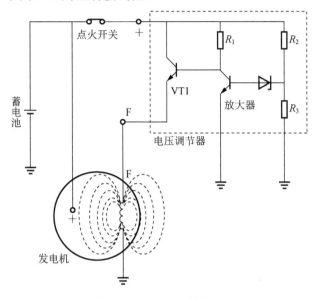

图 2.2.10　电压正常状态

2）当发电机电压升高到等于调节上限时，调节器对电压开始调节。此时稳压管导通，放大器导通，VT1 截止，发电机磁场电路被切断，由于磁场被断路，发电机输出电压下降。电压过高状态如图 2.2.11 所示。

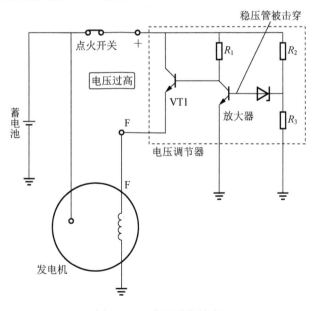

图 2.2.11　电压过高状态

3）当发电机电压下降到调节下限时，稳压管截止，VT1 重新导通，磁场电路重新被接通，发电机电压上升。周而复始，发电机输出电压被控制在一定范围内（一般为 13.5～14.5V）。

◀ ◀ ◀ **实 训**

实训 发电机的拆装与检测

实训准备

工作场景：理实一体化教室。

设备器材：桑塔纳轿车。

技术要求：按照工艺标准，在规定时间内对发电机进行拆装，并测量定子和转子。

实训操作

1. 发电机车上检查

（1）检查发电机配线

目视并检查连接器是否松动，保证连接牢靠，如图 2.2.12 所示。

（2）检查传动带的外观和挠度

观察传动带有无磨损；用力按下传动带，挠度应为 10～15mm。

图 2.2.12　目测连接器情况

（3）检查不带负载的充电电路

01 将配线从发电机端子 B 上断开，并将其连接到电流表负极（－）引线上。

02 将电流表的正极（＋）安装在发电机端子 B 电缆上。

03 将万用表的正极引线连接至蓄电池的正极端子；将万用表负极引线搭铁。打开万用表，将量程置于 20V 挡，如图 2.2.13 所示。

图 2.2.13　检查充电电压和充电电流

04 将发动机转速保持在 2000r/min，检查电流表和电压表读数。标准电流：10A 或更小；标准电压：13.5～14.5V，如果不符合规定值，则需要拆卸并检查发电机。

（4）检查带负载的充电电路

将发动机转速继续保持在 2000r/min，打开远光前大灯并将加热器鼓风机开关转至 HI 位置，检查电流表读数。标准值应大于 30A，若不符合规定值，应进行下一步检查。通过增加负载的方式来完成，如运行刮水器电动机和车窗除雾器等。若输出电流仍小于 30A，则继续打开其他用电设备以增加负载，直至数值超过 30A。若以上条件都不符合，则应更换发电机。

2. 拆卸发电机总成

01 选用 8mm 扳手拧松发电机励磁线束固定螺母，旋出并取下螺母，如图 2.2.14 所示。

图 2.2.14　线束固定螺母

02 选用 13mm 扳手拧松发电机电压输出线束固定螺母，旋出并取下螺母，如图 2.2.15 所示。

03 脱开线束与发电机的连接，如图 2.2.16 所示。

图 2.2.15　取下螺母

图 2.2.16　脱开线束与发电机的连接

04 选用 6 号内六角扳手拧松发电机下部固定螺栓，如图 2.2.17 所示。

图 2.2.17　拧松发电机下部固定螺栓

05 选用 13mm 扳手拧松调节发电机传动带的固定螺栓，如图 2.2.18 所示。

图 2.2.18　拧松发电机传动带固定螺栓

06 选用 22mm 扳手调节发电机传动带，使传动带处于紧松的状态，取下发电机传动带。

07 继续旋出发电机下部固定螺栓和调节发电机传动带的固定螺栓。

08 拆卸发电机支架固定螺栓，如图 2.2.19 所示。

09 取下发电机，如图 2.2.20 所示。

图 2.2.19　拆卸发电机支架固定螺栓

图 2.2.20　取下发电机

> ➤　拆卸发电机前，首先确认点火开关处于关闭位置并拆卸蓄电池负极。

3. 拆解发电机

发电机检查之前，首先进行的操作是拆解发电机。

01 拆下电刷及电刷架（外装式）紧固螺钉，取下电刷架总成。

02 分解前后端盖。

03 依次取下带轮、风扇、半圆键、定位套。

04 将前端盖与转子分离。

05 拆掉防护罩。

06 拆下定子上 4 个接线端，使定子与后端盖分离。

07 取下整流器总成。

4. 发电机部件的检测

（1）转子的检查

01 检查发电机电刷架总成。观察电刷架是否变形，变形时应予以更换。利用游标卡尺测量电刷的外露长度。标准外露长度为 13mm，最小外露长度为 8mm。如果外露长度小于最小值，更换电刷架总成。检查方法如图 2.2.21 所示。

图 2.2.21　检查发电机电刷长度

02 检查发电机转子绕组断路及短路。用万用表测量转子绕组之间的电阻。若阻值为∞，则为断路故障；若小于 3Ω，则为短路故障。若发生断路或短路故障，则更换发电机转子总成。测量转子绕组的电阻如图 2.2.22 所示。

03 检查转子绝缘情况。使用万用表测量其中一个集电环与转子壳体之间的电阻，应为 1MΩ或∞。如果结果不符合规定，则更换发电机转子总成。测量转子绕组的绝缘情况如图 2.2.23 所示。

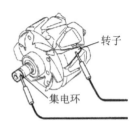

图 2.2.22　测量转子绕组的电阻　　　　图 2.2.23　测量转子绕组的绝缘情况

04 检查并确认转子集电环有无脏污，如有应及时清洁。观察发电机转子不得有刮痕，否则表明轴承松旷，应更换前后轴承，如图 2.2.24 所示。

05 检查集电环表面有无沟槽，如有应打磨掉沟槽。用游标卡尺测量集电环直径，标准直径为 14.2～14.4mm，最小直径为 14.0mm。如果直径小于最小值，应更换发电机转子总成。测量方法如图 2.2.25 所示。

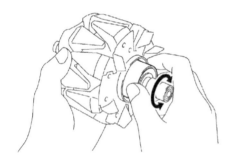
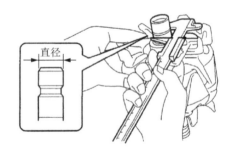

图 2.2.24　检查转子外观　　　　　　图 2.2.25　测量集电环直径

（2）定子的检查

01 检查定子表面，不得有刮痕，导线表面不得有碰伤、绝缘漆脱落现象。

02 检查定子绕组是否断路。万用表的一个表笔接三相绕组的中性点，另一个表笔分别接绕组的三个首端。所测得的三个电阻值应接近 0 且相等。如果有一相电阻值为∞，则该相断路。检查方法如图 2.2.26 所示。

03 检查定子绕组是否绝缘。将万用表的一个表笔接定子铁心，另一个表笔依次接三个绕组的首端，如指示∞，说明绕组绝缘情况良好；如指示为 0 或电阻很小，说明至少有一相绕组搭铁，需进一步检查。检查方法如图 2.2.27 所示。

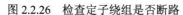
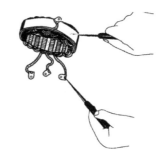

图 2.2.26　检查定子绕组是否断路　　　　图 2.2.27　检查定子绕组是否绝缘

（3）整流器的检查

01 二极管的检查。

正向电阻的检查：将万用表负表笔接二极管底板上的粗螺栓，黑表笔分别接与定子绕组相接的各结合点，测得的电阻值应为 50～80Ω。

反向电阻的检查：将万用表正表笔接散热架（负极），负表笔依次与各结合点相接，每次测得的电阻值应为∞。

若某整流管两次测得的电阻值都为 0，表明该整流管已击穿损坏。若两次测得的电阻值均为∞，表明该整流管已断路损坏。检查方法如图 2.2.28 所示。

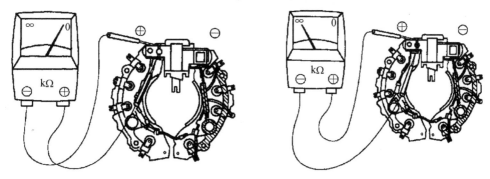

图 2.2.28　检查二极管

02 二极管连线检查。检查整流管引线与三相绕组焊接处是否松动，如松动应焊接牢固。

5．电压调节器的检修

使用试灯灯泡分别连接到调节器的 D＋端、D_F 端。将可调直流电源调至 12V，闭合开关，观察试灯亮起；将电源调至 16～18V，试灯熄灭；再次将电源调至 12V，试灯亮起。如不符合上述现象，说明调节器损坏，应更换。电压调节器的检查如图 2.2.29 所示。

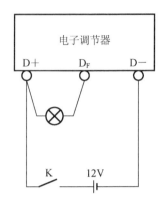

图 2.2.29　电压调节器的检修

6. 安装发电机总成

01 将发电机安装到发电机支架上，安装发电机下部固定螺栓，如图 2.2.30 所示。

图 2.2.30　安装发电机下部固定螺栓

02 安装发电机固定支架。

03 安装发电机调节螺母。

04 安装发电机传动带，如图 2.2.31 所示。

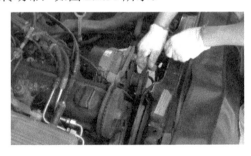

图 2.2.31　安装发电机传动带

05 使用 22mm 扳手旋转调节螺母调节发电机传动带的松紧度，如图 2.2.32 所示。

图 2.2.32　调节发电机传动带的松紧度

06 检查发电机传动带的松紧度，如图 2.2.33 所示。

图 2.2.33　检查发电机传动带的松紧度

07 选用 13mm 扳手，先拧紧发电机调节螺母的固定螺栓，再拧紧发电机支架的固定螺栓，如图 2.2.34 所示。

图 2.2.34　紧固发电机固定螺栓

08 选用内六角扳手紧固发电机下部固定螺栓。

09 根据维修手册将发电机支架固定螺栓紧固至标准力矩：25N·m。

10 根据维修手册将发电机调节螺母的固定螺栓紧固至标准力矩：30N·m。

11 再次检查发电机传动带的松紧度。

12 安装发电机线束，分别旋入两颗固定螺栓，如图 2.2.35 所示。

13 选用棘轮扳手、8mm 套筒紧固固定螺栓；选用棘轮扳手、13mm 套筒紧固固定螺栓。紧固方法如图 2.2.36 所示。

图 2.2.35　安装发电机线束

图 2.2.36　紧固固定螺栓

14 检查发电机线束是否已经安装可靠，如图 2.2.37 所示。

图 2.2.37　检查线束是否可靠

15 安装蓄电池负极接线柱，如图 2.2.38 所示。

图 2.2.38　安装蓄电池负极接线柱

考核评价

操作完毕后，结合表 2.2.1 对本次实训过程及结果进行客观的评价，包括学生自评、小组互评和教师总体评价。评分完成后，学生可填写学习体会，包括本次实训的完成情况、完成效果、收获体会和改进措施等。

表 2.2.1　考核评价表

序号	测评内容	分值	评分标准	自评	互评	师评
1	说出发电机的组成	5 分	操作正确即得分,操作错误或未进行操作即 0 分			
2	说出发电机的整流原理	10 分	操作正确即得分,操作错误或未进行操作即 0 分			
3	说出发电机的励磁方式	10 分	操作正确即得分,操作错误或未进行操作即 0 分			
4	说出发电机的调压原理	10 分	操作正确即得分,操作错误或未进行操作即 0 分			
5	检测发电机部件	20 分	操作正确即得分,操作错误或未进行操作即 0 分			
6	发电机就车检查	15 分	操作正确即得分,操作错误或未进行操作即 0 分			
7	发电机的拆装	20 分	操作正确即得分,操作错误或未进行操作即 0 分			
8	检测电压调节器	10 分	操作正确即得分,操作错误或未进行操作即 0 分			
综合得分:			教师签字:			

学习体会:

◀◀◀◀◀ 课 堂 练 习 ▶▶▶▶▶

一、判断题

1. 交流发电机的励磁方法为先他励,后自励。　　　　　　　　（　　）
2. 如果将蓄电池的极性接反,后果是有可能将发电机的励磁绕组烧毁。（　　）
3. 交流发电机用硅二极管可用普通整流二极管代替。　　　　　（　　）
4. 如发电机励磁电路断路,发电机将出现不充电故障。　　　　（　　）

5．电压调节器是通过改变交流发电机的励磁电流来实现电压调节的。 （　　）

二、单选题

1．汽车交流发电机发电电压一般为（　　）。

　　A．5～10V　　　　　B．10～12V　　　　C．15～20V　　　　D．13.5～14.5V

2．交流发电机中产生磁场的装置是（　　）。

　　A．定子　　　　　　B．转子　　　　　　C．电枢　　　　　　D．整流器

3．当发电机低速运转，电压（　　）蓄电池电动势时，蓄电池向励磁绕组供电，进行他励发电。

　　A．低于　　　　　　B．高于　　　　　　C．等于　　　　　　D．以上都正确

4．交流发电机定子的作用是（　　）。

　　A．发出三相交流电动势　　　　　　　B．产生磁场

　　C．变交流为直流　　　　　　　　　　D．产生转矩

任务2.3　电源系统电路的检修

◎ 任务目标

　　1．了解电源系统的常见故障现象，以及故障排除流程。

　　2．能够在规定时间内排除发电机充电指示灯常亮故障。

 知识

知识1　电源系统故障排除

整体式交流发电机的常见故障有不充电或充电电流过小等故障，以上海桑塔纳轿车为例，说明整体式交流发电机电源系统故障的诊断方法。

1）故障现象：不充电故障。

① 发电机传动带的张力正常。

② 蓄电池电充足。

③ 发电机的搭铁线接触良好。

2）不充电故障诊断与排除步骤，按顺序进行，如图2.3.1所示。

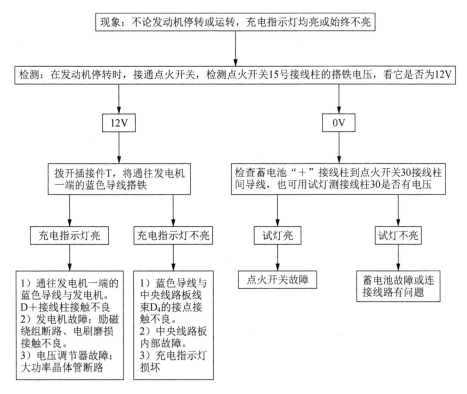

图 2.3.1　整体式交流发电机电源系统不充电故障的诊断与排除

桑塔纳系列轿车电源电路分析

桑塔纳系列轿车电源电路如图 2.3.2 所示。整体式交流发电机的 3 只正极管与 3 只负极管组成一个三相桥式全波整流电路，称为输出电流整流电路。其输出端 B＋用红色导线与起动机 30 端子连接（1996 年后，部分轿车输出端 B＋用红色导线经 80A 易熔线与蓄电池正极柱连接，易熔线支架固定在蓄电池附近的发动机室后围板上）。3 只励磁二极管与 3 只负极管也组成一个三相桥式全波整流电路，称为励磁电流整流电路。其输出端 D＋用蓝色导线经蓄电池旁边的单端子连接器 T_1 后与中央线路板 D 插座的 D_4 端子连接，再经中央线路板内部线路与 A 插座的 A_{16} 端子相连。点火开关 30 端子用红色导线经中央线路板上的单端子插座 P 与蓄电池正极连接，点火开关 15 端子用黑色导线与仪表盘左下方 14 端子黑色插座的 12 号端子连接（图中未画出，可参见维修手册），经仪表盘印制电路板上的电阻 R_1、R_2 和充电指示灯（R_2 和充电指示灯串联后再与 R_1 并联）和二极管接回到 14 端子黑色插座 12 端子，再用蓝色导线与中央线路板 A 插座的 A_{16} 端子连接。

由桑塔纳轿车电源系统电路图可见，充电指示灯及发电机励磁绕组线路为蓄电池正极→中央线路板单端子插座 P 端子→中央线路板内部线路→中央线路板单端子插座 P 端子→点火开关 30 端子→点火开关→点火开关 15 端子→电阻 R_2 和充电指示灯（发光二极管)→二极管→中央线路板 A_{16} 端子→中央线路板内部线路→中央线路板 D_4 端子→单端子连接器 T_1（蓄电池旁边）→交流发电机 D+端子→发电机的励磁绕组→电子电压调节器大功率晶体管→搭铁→蓄电池负极。当发电机高于蓄电池电压后，则由 3 只励磁二极管的共负极端（D+）直接向励磁绕组提供电流。

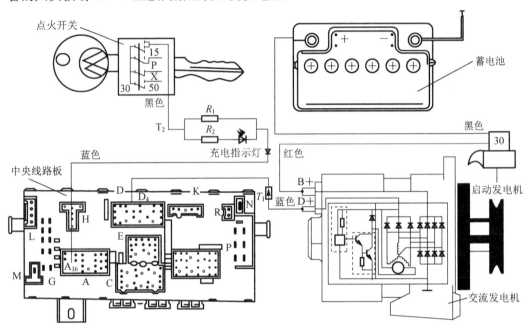

图 2.3.2　桑塔纳系列轿车电源电路

实训　充电系统的检修

实训准备

工作场景：理实一体化教室。

设备器材：桑塔纳轿车、万用表、电流表、其他常用工具。

技术要求：按维修手册规定的标准进行检修。

实训操作

1. 检查传动带的外观

目测传动带有无磨损，带与带轮啮合是否正确，如有裂纹或磨损过度，应及时更换同种规格型号的传动带，V 带应两根同时更换。

2．检查传动带的挠度

在发电机带轮和风扇中间用 30～50N 的力按下带，带的挠度应为 10～15mm。若过松或过紧，应松开发电机的前端盖与撑杆的锁紧螺栓，搬动发电机进行调整。

3．检查有无噪声

起动发动机，并逐渐加大发动机油门，监听发电机有无异常噪声，如有异常噪声，应将发电机拆下并分解检修。

4．检查导线连接情况

`01` 检查各导线端头的连接部位是否正确。

`02` 发电机"B"接线柱必须加装弹簧垫圈。

`03` 采用插接器连接的发电机，其插座与线插头的连接必须锁紧，不得有松动现象。

5．发电机电压的测试

`01` 在发动机停转且不使用车上电气设备的情况下，用万用表测量蓄电池电压，这个电压称为参考电压。

`02` 起动发动机，使发动机的转速保持在 2000r/min，在不使用车上电气设备的情况下，测量蓄电池电压，应比参考电压略高，但不超过 2V。

`03` 在发动机转速为 2000r/min 时，接通电气附件，如空调、前照灯远光等，当电压稳定时，测量蓄电池电压，至少应高出参考电压 0.5V。如果上述电压在规定范围内，则交流发电机和调节器正常工作。若电压值超过规定电压上限，一般为调节器故障；若电压值远低于电压下限，电流过小，应检查发电机个别二极管或个别电枢绕组是否有损坏等故障。

`04` 检查线路压降。发电机正接线柱与蓄电池正极柱间，电压表读数不得超过 0.7V，其余导线电压不得超过 0.05V。若测量值不符，应清洁、紧固相应连接线头及安装架。

考核评价

操作完毕后，结合表 2.3.1 对本次实训过程及结果进行客观的评价，包括学生自评、小组互评和教师总体评价。评分完成后，学生可填写学习体会，包括本次实训的完成情况、完成效果、收获体会和改进措施等。

表 2.3.1　考核评价表

序号	考核项目	分值	评分标准	自评	互评	师评
1	工量具的选择及正确使用	15 分	1）不能正确选择工量具，每次扣 2 分。 2）不能正确使用工量具，每次扣 2 分			

续表

序号	考核项目	分值	评分标准	自评	互评	师评
2	传动带外观的检查	15分	1）检查方法，不能检查扣5分。 2）判断结果，不能判断扣5分			
3	传动带挠度的检查	15分	1）检查方法，不能检查扣5分。 2）判断结果，不能判断扣5分			
4	噪声的检查	15分	1）检查方法，不能检查扣5分。 2）判断结果，不能判断扣5分			
5	导线连接情况的检查	20分	1）蓄电池电压的测量，不能完成扣3分。 2）起动发动机后蓄电池电压的测量，不能完成扣3分。 3）起动发动机使用电气设备电压值的测量，不能完成扣3分。 4）导线电压降的测量，不能完成扣3分。 5）判断结果，不能判断扣3分			
6	安全文明生产	20分	1）不穿工作服扣1分，不穿工作鞋扣1分，不戴工作帽扣1分。 2）不安装翼子板布扣1分，不安装防护套扣1分。 3）工具与零件混放或凌乱，每次每处扣1分。 4）发动机不接尾气排放管，每次扣1分。 5）不放置三角木，扣1分。 6）工具或零件随意摆放在地上，每次扣1分。 7）垃圾未分类回收，每次扣1分。 8）竣工后未清理工量具，每件扣1分。 9）竣工后未清理工作场地，扣2分。 10）不服从考官、出言不逊，每次扣5分			

综合得分：   教师签字：

学习体会：

课堂练习

一、判断题

1. 目测传动带有无磨损，带与带轮啮合是否正确，如有裂纹或磨损过度，应及时更换同种规格型号的传动带，V带应两根同时更换。　　　　　　　　（　　）

2. 在发电机带轮和风扇中间用30～50N的力按下带，带的挠度应为10～15mm。
　　　　　　　　　　　　　　　　　　　　　　　　　　　　　　（　　）

3．起动发动机并逐渐加大发动机油门，监听发电机有无异常噪声，如有异常噪声，应将发电机拆下并分解检修。　　　　　　　　　　　　　　　　　　（　　）

二、单选题

1．桑塔纳轿车发电机输出电压值超过规定电压上限，一般为（　　）故障。

    A．点火开关　　　　B．蓄电池　　　　C．电压调节器　　　　D．硅整流器

2．桑塔纳轿车电路中发电机 B+端子与起动机 30 端子之间线路的颜色是（　　）。

    A．黑色　　　　　　B．红色　　　　　C．蓝色　　　　　　D．棕色

3

项　目

汽车起动系统的拆装与检测

>>>>>

◎ **项目导读**

　　汽车发动机必须依靠外力起动。起动系统的作用就是将蓄电池的电能转化为机械能，驱动发动机飞轮旋转，使发动机由静止状态进入到自行运转状态，实现发动机的起动。

　　常见的起动方式有人力起动、辅助汽油机起动和电力起动等方式。人力起动（用手摇或绳拉）最简单，但不方便，且不安全，目前在汽车上只作为后备起动方式。辅助汽油机起动的操作烦琐，体积大，能源消耗大，保修工作量大，故一般较少采用。电力起动具有操作简便安全、起动迅速可靠，又具有重复起动能力，因而被现代汽车广泛采用。

◎ **项目目标**

知识目标

- 了解起动系统的结构与组成。
- 了解起动系统的工作原理。
- 掌握起动机常见故障的诊断与排除。

技能目标

- 能够根据工艺标准对起动机进行拆装及检修。
- 能够对起动系统电路故障进行分析及检测。

任务 **3.1** 起动系统的检修

◎ **任务目标**

1. 了解起动系统的结构与组成及工作原理。
2. 了解起动机常见故障的诊断与排除。
3. 掌握起动机的检修方法。

 ◀◀◀ **知　识**

知识 1　起动系统的组成及起动机的安装位置

现代汽车起动系统一般由起动机、起动继电器、点火开关、电源等组成，如图 3.1.1 所示。起动机的安装位置如图 3.1.2 所示。

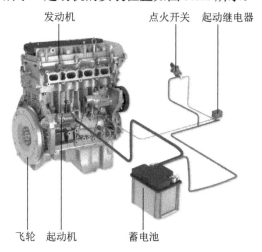

图 3.1.1　起动系统的组成

图 3.1.2　起动机的安装位置

知识 2　起动系统的功用

起动系统将蓄电池的电能转化为机械能，驱动发动机飞轮旋转，实现发动机的起动。起动系统的功用如图 3.1.3 所示。

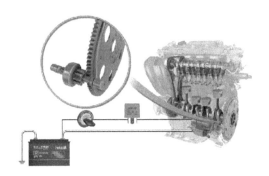

图 3.1.3　起动系统的功用

知识 3　**起动机的结构**

起动机由直流电动机、传动机构、控制机构（电磁开关）组成，如图 3.1.4 所示。

电磁开关

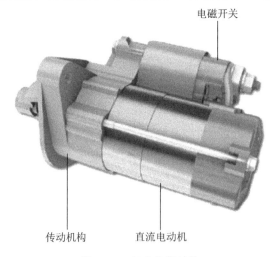

传动机构　　　直流电动机

图 3.1.4　起动机的结构

1. 直流电动机

直流电动机的作用是将蓄电池提供的直流电能转变为机械能，产生转矩用于起动。它主要由定子总成、转子总成（电枢）、换向器、电刷及电刷架、前后端盖等组成。

1）定子总成。定子总成由励磁绕组、磁极（定子铁心）和起动机壳体组成，作用是产生磁场，分为励磁式和永磁式两类。为增大转矩，汽车起动机通常采用 4 个磁极，两对磁极相对交错安装。

2）转子总成。转子总成主要由电枢轴、电枢绕组、铁心和换向器等组成。其作用是产生电磁转矩。

3）电刷及电刷架。其主要由电刷、电刷架和电刷弹簧等组成，一般由 4 个电刷固定在电刷架上，两个电刷为绝缘电刷，与电刷架绝缘；另两个电刷为搭铁电刷，与电刷架直接搭铁。电刷的作用是将电流从励磁绕组引入电枢绕组。

2. 传动机构

传动机构主要由单向离合器和驱动齿轮组成。传动机构的主要作用是起动时将电动机产生的转矩传递给发动机，起动后自动打滑，保护起动机电枢不致飞散。

常见单向离合器有滚柱式单向离合器、摩擦片式单向离合器、弹簧式单向离合器。目前，轿车和中轻型汽车上普遍使用滚柱式单向离合器。

1）滚柱式单向离合器的结构。滚柱式单向离合器由驱动齿轮、滚柱弹簧、滚柱、花键套筒、压帽、弹簧、拨环、外壳、卡簧组成，如图3.1.5所示。

2）滚柱式单向离合器的工作原理。离合器转速快于花键套筒时，滚柱滚入楔形槽窄端，花键套筒与外壳卡紧。花键套筒快于离合器转速时，滚柱滚入楔形槽宽端，花键套筒与外壳打滑，如图3.1.6所示。

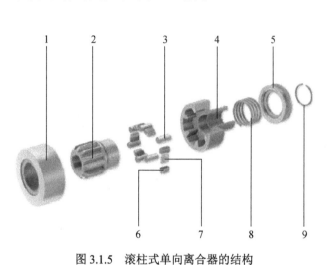

图 3.1.5　滚柱式单向离合器的结构

1—外壳；2—驱动齿轮；3—滚柱；4—花键套筒；5—拨环；
6—压帽；7—滚柱弹簧；8—弹簧；9—卡簧

图 3.1.6　滚柱式单向离合器的工作原理

1—飞轮；2—离合器外壳；3—滚柱弹簧；
4—滚柱；5—花键套筒

3. 控制机构

起动机的控制机构又称电磁开关，其作用是控制电动机电路的通断及驱动齿轮与飞轮齿圈的啮合与分离，桑塔纳轿车采用的是电磁式控制机构。

1）控制机构的结构。电磁开关由保持线圈、吸引线圈、端子30、回位弹簧、可动铁心、接触片、端子C、外壳组成，如图3.1.7所示。

2）控制机构的工作原理。电路接通后，保持线圈与吸引线圈产生电磁力克服弹簧弹力使铁心左移，并带动齿轮右移。起动后起动电路断开，铁心在回位弹簧的作用下右移，并带动齿轮回位。

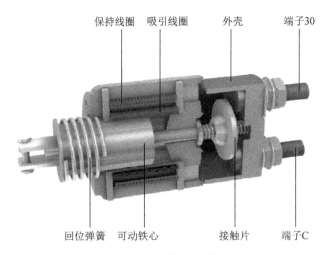

保持线圈　吸引线圈　　外壳　　端子30

回位弹簧　可动铁心　　接触片　　端子C

图 3.1.7　电磁开关结构

知识 4　起动机的工作原理

点火开关处于 ST，吸引线圈与保持线圈通电产生磁场，推动拨叉使驱动齿轮与飞轮齿圈啮合。点火开关回到 ON 位，电路断开，回位弹簧带动铁心的复位，小齿轮移出且停止转动，起动机停止工作。起动机的工作原理如图 3.1.8 所示。

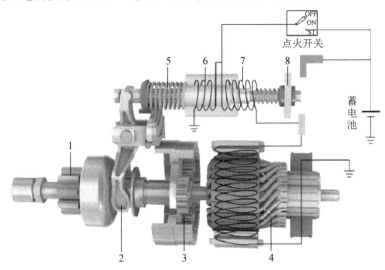

图 3.1.8　起动机的工作原理

1—驱动齿轮；2—拨叉；3—行星减速机构；4—电枢；5—回位弹簧；6—保持线圈；7—吸引线圈；8—接触片

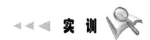 **实 训**

实训 起动机的拆装与检查

实训准备

工作场景：理实一体化教室。

设备器材：桑塔纳轿车。

技术要求：1）起动机每次连续工作时间不能超过 5s，如进行第二次起动操作，应间隔 15s 以上。

2）起动发动机后不要将点火开关转至 START 位置，这样会损坏起动机。

3）用蓄电池测试电磁开关和起动机时，检查时间不宜过长。

实训操作

1. 起动机的拆卸和安装

01 拆卸起动机时，应首先拆下蓄电池搭铁线，然后再拆下起动机的各连接线。

02 安装起动机时，先将支架 1 套在起动机上，装上垫片、弹簧垫和螺母（M₅），并用力旋紧，然后将支架连同起动机一起装在发动机上，如图 3.1.9 所示。

图 3.1.9 起动机的拆装

03 检查起动机外壳的两个螺栓（M₅）是否能在支架槽孔中活动，必要时用锉刀加工，调整起动机到最佳位置，最后以 20N·m 的力矩拧紧紧固螺母。

2. 起动机的分解

01 用扳手旋下电磁开关的接线柱"30"及"50"的螺母，取下导线，如图 3.1.10 所示。

02 旋下起动机贯穿螺钉和衬套螺钉，取下衬套座和端盖，取出垫片组件和衬套，如图 3.1.11 所示。

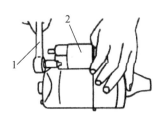

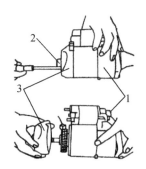

图 3.1.10　拆卸导线

1—扳手；2—电磁开关

图 3.1.11　拆卸垫片和衬垫

1—起动机；2—衬套座；3—端盖

03 用尖嘴钳将电刷弹簧抬起，拆下电刷架及电刷，如图 3.1.12 所示。

04 取下励磁绕组后，用扳手旋下螺栓，从驱动端盖上取下电磁开关总成，如图 3.1.13 所示。

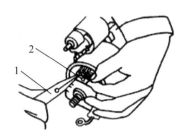

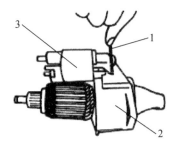

图 3.1.12　拆卸电刷架及电刷

1—尖嘴钳；2—电刷弹簧

图 3.1.13　起动机电磁开关的拆卸

1—扳手；2—驱动端盖；3—电磁开关

05 在取出转子后，从端盖上取下传动叉，然后取出驱动齿轮与单向离合器，再取出驱动齿轮端衬套，如图 3.1.14 所示。

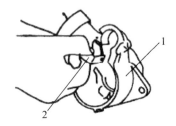

图 3.1.14　起动机传动叉的拆卸

1—端盖；2—传动叉

3. 起动机零件的检修

（1）电枢轴的检修

用千分表检查起动机电枢轴是否弯曲，如图 3.1.15 所示。若摆差超过 0.1mm，应进行校正。电枢轴上的花键齿槽严重磨损或损坏，应进行修复或更换。

（2）换向器的检修

01 检查换向器有无脏污和表面烧蚀，若出现此情况，用 400 号砂纸打磨或在车床上修整。

02 检查换向器的径向圆跳动量。将换向器放在 V 形铁上，用百分表测量圆周上径向跳动量，最大允许径向圆跳动量为 0.05mm。若径向圆跳动量大于规定值，应在车床上校正，如图 3.1.16 所示。

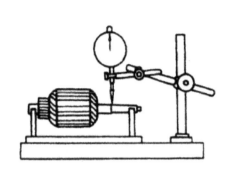

图 3.1.15 电枢轴弯曲度的检查

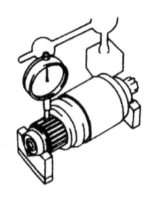

图 3.1.16 换向器径向圆跳动量的检查

03 用游标卡尺测量换向器的直径。其标准值为 30.0mm，最小直径为 29.0mm。若直径小于最小值，应更换电枢，如图 3.1.17 所示。

04 检查底部凹槽深度。应清洁无异物，边缘光滑。测量标准凹槽深度为 0.6mm，最小凹槽深度为 0.2mm。若凹槽深度小于最小值，用手锯条修正，如图 3.1.18 所示。

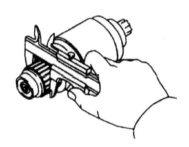

图 3.1.17 换向器直径的检查

图 3.1.18 换向器底部凹槽深度的检查

（3）电枢绕组的检修

01 检查换向器是否断路，如图 3.1.19 所示。用欧姆表检查换向器片之间的导通性，应导通。若换向器片之间不导通，应更换电枢。

02 检查换向器是否搭铁，如图 3.1.20 所示。用欧姆表检查换向器与电枢绕组铁心之间的导通性，应不导通。若导通，应更换电枢。

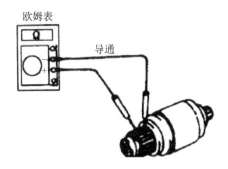

图 3.1.19 检查换向器是否断路

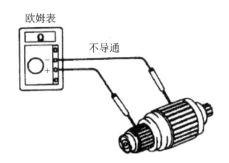

图 3.1.20 检查换向器是否搭铁

（4）励磁绕组的检修

01 检查励磁绕组是否断路，如图 3.1.21 所示。用欧姆表检查引线和励磁绕组电刷引线之间的导通性，应导通。否则，应更换磁极框架。

02 检查励磁绕组是否搭铁，用欧姆表检查励磁绕组末端与磁极框架之间的导通性，应不导通，如图 3.1.22 所示。若导通，应修理或更换磁极框架。

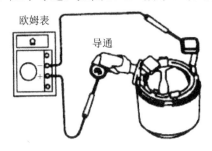

图 3.1.21 检查励磁绕组是否断路

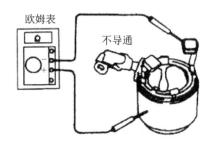

图 3.1.22 检查励磁绕组是否搭铁

（5）电刷弹簧的检修

检修电刷弹簧，可按如图 3.1.23 所示方法，读取电刷弹簧从电刷分离瞬间的拉力计读数。标准弹簧安装载荷为 17～23N，最小安装载荷为 12N。若安装载荷小于规定值，应更换电刷弹簧。

（6）电刷架的检修

用欧姆表检查电刷架正极（＋）与负极（－）之间的导通性，应不导通，如图 3.1.24 所示。若导通，修理或更换电刷架。

（7）离合器和驱动齿轮的检修

检查离合器和驱动齿轮是否严重损伤或磨损。如有损坏，应进行更换。检查起动机离合器是否打滑或卡滞，如图 3.1.25 所示。将离合器驱动齿轮夹在台虎钳上，在花键套筒中套入花键轴，将扳手接在花键轴上，测得力矩应大

图 3.1.23 检查电刷弹簧的载荷

于规定值（24～26N·m），否则说明离合器打滑。反向转动离合器应不卡滞，否则应修理或更换离合器总成。

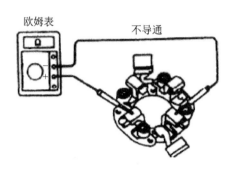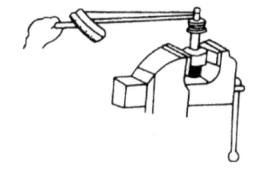

图 3.1.24　检查电刷架绝缘情况　　　　图 3.1.25　检查起动机离合器工作是否正常

（8）电磁开关的检修

检查电磁开关内部线圈断路、短路或搭铁故障，可用万用表测线圈电阻后与标准值比较进行判断。按照图 3.1.26 所示连接好线路，接通开关 K 后应能听到活动铁心动作的声音，同时试灯 L 应被点亮；开关 K 断开后，试灯 L 应立即熄灭。否则，应更换电磁开关或更换起动机总成。

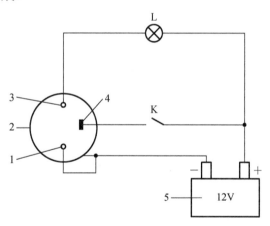

图 3.1.26　电磁开关的检查

1—磁场线圈接线柱；2—起动机开关；3—蓄电池接线柱；4—点火开关接线柱；5—蓄电池

4. 起动机的性能试验

01　空载性能试验。修复后的起动机应对电磁开关和电动机进行性能试验。试验时，先将蓄电池充足电，每项试验应在 3～5s 内完成，以防线圈被烧坏。将起动机与蓄电池和电流表（量程为 0～100A 的直流电流表）连接。蓄电池正极与电流表正极连接，电流表负极与起动机 30 端子连接，蓄电池的负极与起动机外壳连接，如图 3.1.27 所示。

02 用带夹电缆将 30 端子与 50 端子连接起来（图 3.1.28），此时驱动齿轮应向外伸出，起动机应平稳运转。当蓄电池电压大于或等于 11.5V 时，消耗电流应不超过 50A，用转速表测量电枢轴的转速应不低于 5000r/min。

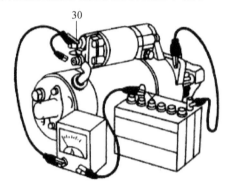 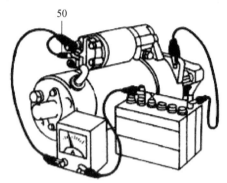

图 3.1.27　电路连接　　　　　　　　图 3.1.28　接通 50 端子进行试验

　　如电流大于 50A 或转速低于 5000r/min，说明起动机装配过紧或电枢绕组和励磁绕组有短路或搭铁故障。如电流和转速都低于标准值，说明电动机电路接触不良，如电刷与换向器接触不良或电刷弹簧弹力不足等。

5. 电磁开关试验

01 吸拉动作试验。将起动机固定到台虎钳上，拆下起动机 C 端子上的励磁绕组电缆引线端子，用带夹电缆将起动机 C 端子和电磁开关壳体与蓄电池负极连接，如图 3.1.29 所示。用带夹电缆将起动机 50 端子与蓄电池正极连接，此时驱动齿轮应向外移动。如驱动齿轮不动，说明电磁开关有故障，应予修理或更换。

02 保持动作试验。在吸拉动作基础上，当驱动齿轮保持在伸出位置时，拆下电磁开关 C 端子上的电缆夹，如图 3.1.30 所示，此时驱动齿轮应保持在伸出位置不动。如驱动齿轮回位，说明保持线圈断路，应予修理。

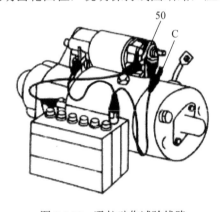 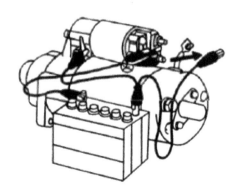

图 3.1.29　吸拉动作试验线路　　　　　图 3.1.30　保持动作试验方法

03 回位动作试验。在保持动作的基础上，再拆下起动机壳体上的电缆夹，如图 3.1.31 所示，此时驱动齿轮应迅速回位。如驱动齿轮不能回位，说明回位弹簧失效，应更换弹簧或电磁开关总成。

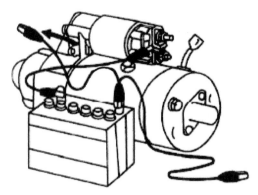

图 3.1.31　回位动作试验方法

6. 全制动试验

如图 3.1.32 所示，将起动机放在测矩台上，用弹簧秤 5 测出其发出的力矩，当制动电流小于 480A 时，输出最大力矩不小于 $13N \cdot m$。

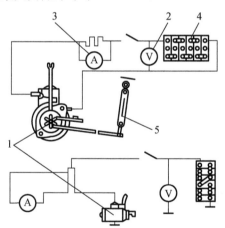

图 3.1.32　起动机的全制动试验

1—起动机；2—电压表；3—电流表；4—蓄电池；5—弹簧秤

考核评价

操作完毕后，结合表 3.1.1 对本次实训过程及结果进行客观的评价，包括学生自评、小组互评和教师总体评价。评分完成后，学生可填写学习体会，包括本次实训的完成情况、完成效果、收获体会和改进措施等。

表 3.1.1　考核评价表

序号	测评内容	分值	评分标准	自评	互评	师评
1	起动机的拆卸和安装	10 分	操作正确即得分, 操作错误或未进行操作即 0 分			
2	起动机的分解	10 分	操作正确即得分, 操作错误或未进行操作即 0 分			
3	起动机零件的检修	20 分	操作正确即得分, 操作错误或未进行操作即 0 分			
4	起动机的性能试验	20 分	操作正确即得分, 操作错误或未进行操作即 0 分			
5	电磁开关试验	15 分	操作正确即得分, 操作错误或未进行操作即 0 分			
6	全制动试验	15 分	操作正确即得分, 操作错误或未进行操作即 0 分			
7	能够按照维修细则进行操作	10 分	操作正确即得分, 操作错误或未进行操作即 0 分			
综合得分:			教师签字:			

学习体会:

课 堂 练 习

一、判断题

1. 起动系统通过起动机将蓄电池的电能转化成机械能，起动发动机运转。
　　　　　　　　　　　　　　　　　　　　　　　　　　　　　　　（　　）

2. 起动机由壳体、前端盖、拨叉、电磁开关、后端盖、驱动齿轮、单向离合器、电枢、电刷和电刷架、定子组成。　　　　　　　　　　　　　　　　（　　）

3. 起动机的电磁开关中的两个线圈分别是保护线圈和吸引线圈。　　（　　）

4. 起动机中换向器的作用是将交流电变成直流电。　　　　　　　　（　　）

5. 起动机是短时间断续工作的电气设备，且工作电流很大。每次连续工作不能超过 5s，重复起动时应停歇 15s。　　　　　　　　　　　　　　　　　（　　）

二、单选题

1. 起动机驱动小齿轮与飞轮的啮合，靠（　　）强制拨动完成。
　　A．拨叉　　　　　B．离合器　　　　C．轴承　　　　　D．齿轮

2．起动机中直流串励式电动机所起的作用是（　　）。
    A．将电能转化为机械能　　　　　　　B．将机械能转化为电能
    C．将电能转化为化学能　　　　　　　D．将化学能转化为电能
3．下列不属于起动机控制装置作用的是（　　）。
    A．使活动铁心移动，带动拨叉，使驱动齿轮和飞轮啮合或脱离
    B．使活动铁心移动，带动接触盘，接通直流电动机的主电路
    C．产生电磁力，使起动机旋转
    D．使活动铁心移动，带动接触盘，断开直流电动机的主电路

任务 3.2　起动系统电路分析

◎ 任务目标

1．掌握起动系统控制电路的工作原理。
2．掌握起动系统控制电路常见故障的分析与检测。

◀ ◀ ◀ 知 识 📖

知识 1　无起动继电器的起动系统控制电路

无起动继电器的起动系统控制电路如图 3.2.1 所示。

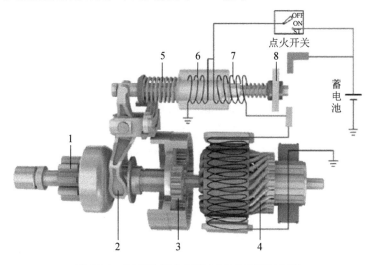

图 3.2.1　无起动继电器的起动系统控制电路

1—驱动齿轮；2—拨叉；3—行星减速机构；4—电枢；5—回位弹簧；6—保持线圈；7—吸引线圈；8—接触片

当点火开关未接通起动挡位时，直流电动机不运转，驱动齿轮与飞轮齿圈处于分离状态。

当点火开关与起动挡位接通时，磁力线圈电路与直流电动机电路接通。

磁力线圈电路：蓄电池正极→熔体→点火开关起动挡→电磁开关 50 接线柱→

┌→吸引线圈→直流电动机→搭铁→蓄电池负极。

└→保持线圈→搭铁→蓄电池负极。

直流电动机电路：蓄电池正极→电磁开关 30 接线柱→接触盘。

知识2 有起动继电器的起动系统控制电路

有起动继电器的起动系统控制电路如图 3.2.2 所示。

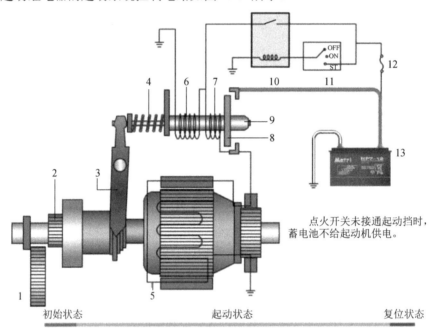

点火开关未接通起动挡时，蓄电池不给起动机供电。

初始状态　　　　　　起动状态　　　　　　复位状态

图 3.2.2　有起动继电器控制的起动系统控制电路

1—飞轮；2—小齿轮；3—拨叉；4—回位弹簧；5—励磁线圈；6—保持线圈；7—吸引线圈；
8—接触片；9—铁心；10—继电器；11—点火开关；12—熔体；13—蓄电池

1. 点火开关处于起动挡时

将点火开关旋至起动挡位，起动继电器线圈通电，电流由蓄电池正极→熔体→点火开关起动挡→起动继电器线圈→搭铁→蓄电池负极，起动继电器触点闭合，接通起动机电路。电流由蓄电池正极→起动继电器触点→电磁开关 50 接线柱→磁力线圈→搭铁→蓄电池负极；此时，吸引线圈和保持线圈产生同方向磁场，活动铁心克服弹簧的弹力使接触盘与两个触点接触，同时带动拨叉将驱动齿轮与飞轮齿圈啮合，起动机的主电路接通，直流电动机将转矩传给发动机飞轮。

2. 点火开关断开时

断开点火开关，起动机主电路被切断。吸引线圈和保持线圈的电流方向相反，产生的磁场方向相反，相互抵销。在回位弹簧的作用下，活动铁心迅速回位，使驱动齿轮和飞轮齿圈脱开啮合，起动机停止工作。

◀◀◀ **实 训**

实训 起动系统电路的检测

实训准备

工作场景：理实一体化教室。

设备器材：桑塔纳轿车。

技术要求：按照维修手册提供的工艺标准，在规定时间内对汽车起动系统控制电路进行分析和检测。

实训操作

1. 起动机不运转的故障分析

（1）检查条件

1）电磁开关上导线连接牢固。

2）搭铁线与车身和发动机连接良好，不能有氧化现象。

3）蓄电池电量充足。

（2）故障分析

起动机电磁开关接线柱如图 3.2.3 所示。其故障诊断如图 3.2.4 所示。

图 3.2.3 电磁开关接线柱

1—接线柱 30（接蓄电池正极）；2—接线柱 50（接点火开关）；3—励磁线圈接线柱

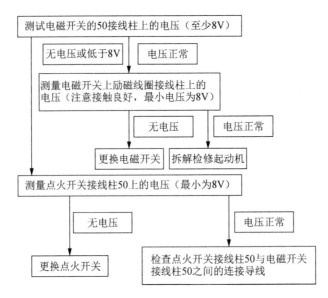

图 3.2.4　起动机不运转的故障分析

2. 起动机运转无力的故障分析

（1）检查条件

1）发动机的润滑油符合环境温度的要求。

2）发动机 V 带张力正常。

（2）故障分析

起动机运转无力的故障分析如图 3.2.5 所示。

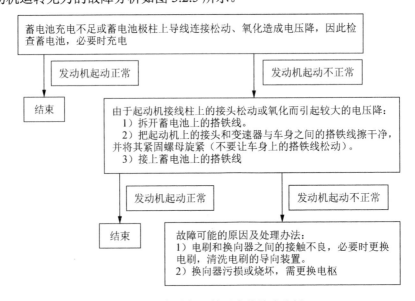

图 3.2.5　起动机运转无力的故障分析

考核评价

操作完毕后，结合表 3.2.1 对本次实训过程及结果进行客观的评价，包括学生自评、小组互评和教师总体评价。评分完成后，学生可填写学习体会，包括本次实训的完成情况、完成效果、收获体会和改进措施等。

表 3.2.1　考核评价表

序号	测评内容	分值	评分标准	自评	互评	师评
1	正确使用工具仪器	15 分	使用错误扣 10 分，使用不当酌情扣分			
2	根据起动机工作故障现象分析故障原因	35 分	检查方法错误扣 20，检查程序错误扣 5 分，检查结果错误扣 15 分			
3	明确故障部位（口述）	10 分	不能确定故障部位扣 10 分			
4	排除起动机故障	25 分	不能排除扣 25 分，自制一处故障扣 10 分，不能排除故障酌情扣分			
5	验证故障排除效果	10 分	不验证扣 10 分			
6	遵守安全操作规程，正确使用工量具，操作现场整洁	5 分	每项扣 1 分，扣完为止			
7	安全用电，防火，无人身和设备事故		因违规操作造成重大人身和设备事故，扣除全部分数，按 0 分计			
综合得分：			教师签字：			

学习体会：

课 堂 练 习

一、判断题

1. 起动机的电磁开关中的两个线圈分别是保护线圈和吸引线圈。　　（　　）
2. 直流电动机是利用磁场的相互作用将机械能转换成电能。　　（　　）
3. 起动机中换向器的作用是将交流电变成直流电。　　（　　）

二、单选题

1. 起动机工作时电磁开关将主电路接通后，维持活动铁心在吸合位置的是（　　　　）。

    A. 吸引线圈　　　　B. 保持线圈　　　　C. A 和 B 两线圈　　　　D. 弹簧

2. 不会引起起动机运转无力的原因是（　　　　）。

    A. 吸引线圈断路　　　　　　　　B. 蓄电池亏电

    C. 换向器脏污　　　　　　　　　D. 电磁开关中接触片烧蚀、变形

4 项目

汽车照明系统的拆装与检测

>>>>>

◎ **项目导读**

为了保证汽车安全可靠地行驶，必须安装各种照明设备，汽车照明系统分为外部照明装置和内部照明装置。主要照明设备有前照灯、雾灯、牌照灯、仪表灯、顶灯及示宽灯。

◎ **项目目标**

知识目标

- 掌握汽车照明系统的作用和组成。
- 掌握前照灯电路的基本工作原理及常见故障分析。

技能目标

- 能够对汽车灯光系统进行检查。
- 能够对照明装置相关组件进行检修与调整。

任务 4.1 汽车照明系统的检测

◎ **任务目标**

1. 掌握汽车照明系统的作用和组成。
2. 能够对汽车灯光系统进行检查。

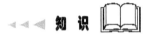 ◀◀◀ **知 识**

知识 1 照明系统的作用

汽车照明系统主要用于夜间行车、照明道路、标识车辆宽度、照明仪表和车厢内部，以保证行车安全。根据安装位置和用途的不同，一般分为内部照明装置和外部照明装置。外部照明装置如图 4.1.1 所示。

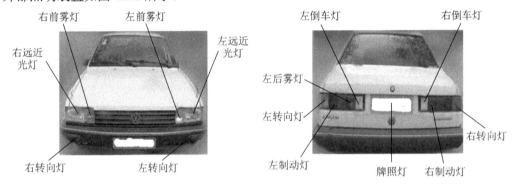

图 4.1.1 汽车外部照明装置

知识 2 照明系统的组成

1. **车外照明装置**

1）前照灯：俗称大灯，装在汽车头部两侧，用来照明车辆前方道路，一般为 40～60W，分为近光灯和远光灯。前照灯要求照亮车前道路 100m。

2）雾灯：安装在汽车的头部和尾部，在雾天、下雪、暴雨或尘埃弥漫等情况下，用来改善照明情况和警示后方车辆保持安全车距。

3）牌照灯：装于汽车牌照上方或左右两侧，用来照明后牌照。

4）示宽灯：装在汽车前部、尾部，夜间接通前照灯时，示宽灯、仪表照明灯、牌照灯同时点亮。

2. 车内照明装置

1）顶灯：用于车内照明，还可以起到监视车门是否关闭的作用。

2）阅读灯：装于乘员席前部或顶部，聚光时乘员看书不会给驾驶员造成炫目。

3）行李箱灯：安装于行李箱内，当开启行李箱盖时自动发亮。

4）门灯：安装于轿车外张式车门内侧底部。夜间开启车门时，门灯发亮，以告示后来行人、车辆注意避让。

5）仪表照明灯：装在仪表板反面，用来照明仪表指针和刻度板。

◄◄◄ 实　训

实训　汽车灯光系统的检测

实训准备

工作场景：理实一体化教室。

设备器材：桑塔纳轿车。

技术要求：按照维修手册标准检查灯光系统。

实训操作

1. 检查示宽灯、牌照灯和仪表灯

01 起动发动机保持怠速运转。

02 将车灯开关旋至一挡，检查仪表灯、前后示宽灯和牌照灯是否正常亮起，如图 4.1.2 所示。

图 4.1.2　汽车示宽灯、仪表灯

2. 检查雾灯及指示灯

01 保持灯光开关在一挡位置，开启雾灯开关一挡，检查仪表板雾灯指示灯及前雾灯是否正常亮起。

02 将雾灯开关旋至二挡，检查前雾灯和后雾灯是否正常亮起，如图 4.1.3 所示。

图 4.1.3　汽车雾灯开关及雾灯

3. 检查前照灯近光

将灯光开关旋至二挡，检查前照灯近光是否亮起，如图 4.1.4 所示。

图 4.1.4　汽车前照灯近光

4. 检查前照灯远光及其指示灯

01 灯光开关保持二挡，将灯光开关向前推，检查仪表板前照灯远光指示灯、前照灯远光是否正常亮起，如图 4.1.5 所示。

02 将变光器开关旋转至 OFF 位置，关闭灯光。

图 4.1.5　汽车远光灯及其指示灯

5. 检查前照灯闪光和指示灯

01 将灯光开关向后拉放两次，检查仪表板前照灯闪光指示灯是否正常亮起。

02 检查前照灯闪光是否正常亮起。

6. 检查顶灯和门控灯与指示灯

01　将汽车顶灯旋转至 ON 位置，检查顶灯是否正常点亮，如图 4.1.6 所示。

02　将顶灯开关旋转至 DOOR 位置。

03　打开左前车门，检查门控灯是否正常亮起，如图 4.1.7 所示。

图 4.1.6　汽车顶灯　　　　　　　　　　图 4.1.7　打开左车门

04　关闭左前车门，检查门控灯是否正常熄灭，如图 4.1.8 所示。

05　按相同方法检查左前、左后、右前、右后的门控灯和仪表板指示灯。

06　关闭点火开关到 LOCK 位置，检查门控灯延时功能是否正常。

图 4.1.8　关闭左车门

7. 检查行李箱灯

01　打开行李箱门，检查行李箱灯是否正常点亮，如图 4.1.9 所示。

图 4.1.9　汽车行李箱

02 关闭行李箱门。

考核评价

操作完毕后，结合表 4.1.1 对本次实训过程及结果进行客观的评价，包括学生自评、小组互评和教师总体评价。评分完成后，学生可填写学习体会，包括本次实训的完成情况、完成效果、收获体会和改进措施等。

表 4.1.1　考核评价表

序号	测评内容	分值	评分标准	自评	互评	师评
1	能够对示宽灯、牌照灯和仪表灯进行检查	10 分	操作正确即得分，操作错误或未进行操作即 0 分			
2	能够对雾灯及指示灯进行检查	15 分	操作正确即得分，操作错误或未进行操作即 0 分			
3	能够对前照灯近光进行检查	20 分	操作正确即得分，操作错误或未进行操作即 0 分			
4	能够对前照灯远光及其指示灯进行检查	20 分	操作正确即得分，操作错误或未进行操作即 0 分			
5	能够对前照灯闪光和指示灯进行检查	15 分	操作正确即得分，操作错误或未进行操作即 0 分			
6	能够对顶灯和门控灯与指示灯进行检查	10 分	操作正确即得分，操作错误或未进行操作即 0 分			
7	能够对行李箱灯进行检查	10 分	操作正确即得分，操作错误或未进行操作即 0 分			
综合得分：			教师签字：			

学习体会：

◀◀◀◀◀ 课 堂 练 习 ▶▶▶▶▶

一、判断题

1. 桑塔纳轿车照明包括前照灯、雾灯、小灯、牌照灯和仪表板照明灯等。

(　　)

2. 汽车前照灯一般有两只或 4 只。 (　　)

3. 后雾灯的光色为白色。 (　　)

4．前照灯的电路由灯光开关、变光开关和继电器控制。　　　　　　　　（　　　）

二、单选题

1．前照灯一般为（　　　）。
　　A．20～30W　　　　　B．31～40W　　　　　C．40～60W　　　　D．100～200W

2．前照灯要求照亮前方道路（　　　）以上。
　　A．50m　　　　　　　B．100m　　　　　　　C．500m　　　　　　D．1000m

3．以下属于外部照明装置的是（　　　）。
　　A．仪表灯　　　　　　B．阅读灯　　　　　　C．前照灯　　　　　D．行李箱灯

任务 4.2 汽车照明装置的检测

◎ **任务目标**

　　1．掌握前照灯电路的基本工作原理及常见故障分析。
　　2．能够对照明装置相关组件进行检修与调整。

◀◀◀ 知　识

知识 1　前照灯电路图

　　桑塔纳轿车前照灯的电路受点火开关 D、车灯组合开关 E1、变光和超车开关 E4 共同控制，前照灯分为远光和近光，也就是说通过变光开关的控制，前照灯灯泡既可以发出远光，也可以发出近光。但桑塔纳轿车和其他车辆不同之处在于，当变光开关置于远光时，近光灯熄灭；当变光开关置于近光时，远光灯熄灭。桑塔纳轿车点火开关电路如图 4.2.1 所示，桑塔纳车灯组合开关电路如图 4.2.2 所示，桑塔纳轿车变光和超车灯开关电路如图 4.2.3 所示。

　　近光灯电路分析：蓄电池正极→30 相线→点火开关（30 柱→X 柱）→车灯开关（X 柱→56）→变光开关（56→56b）→左右近光灯保险（S21、S22）→左右近光灯→搭铁→蓄电池负极。

　　远光灯电路分析：蓄电池正极→30 相线→点火开关（30 柱→X 柱）→车灯开关（X 柱→56）→变光开关（56→56a）→左右远光灯保险（S9、S10）→左右远光灯→搭铁→蓄电池负极。

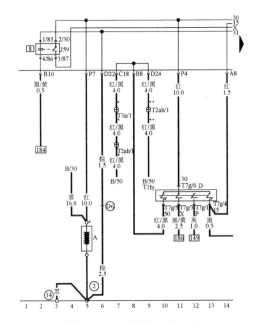

图 4.2.1　点火开关电路图

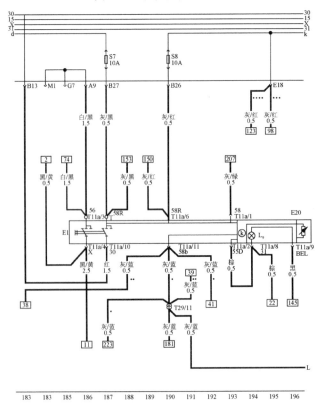

图 4.2.2　车灯组合开关电路图

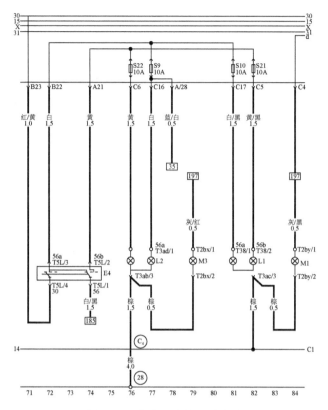

图 4.2.3　变光和超车开关电路

知识 2　照明系统常见故障排除

照明系统常见故障与排除见表 4.2.1。

表 4.2.1　照明及信号系统常见故障与排除

故障现象	故障可能的原因	排除方法
前照灯远光和近光都不亮	灯泡烧坏	更换
	保险丝熔断	更换
	点火开关及其连接导线接触不良、断路	修理或更换
	变光开关有故障	修理或更换
远光、近光在变光时，仪表板上的指示灯不亮	指示灯烧坏	更换
	中央线路板插接器及连接导线接触不良、断路	修理或更换连接导线
	仪表板上的印制电路板断路	修理或更换
	棕色导线搭铁不良	修理
	保险丝 S19 或 S14 熔断	更换

续表

故障现象	故障可能的原因	排除方法
远光、近光在变光时，仪表板上的指示灯不亮	继电器（危险报警闪光灯和转向灯共用）损坏	修理或更换
	危险报警闪光灯开关或连接导线有故障	修理或更换
	保险丝 S11 熔断	更换
	转向灯开关或连接导线有故障	修理或更换

◀◀◀ **实 训**

实训 汽车照明装置相关组件的检查

实训准备

工作场景：理实一体化教室。

设备器材：桑塔纳轿车。

技术要求：按照工艺标准，在规定时间内对照明装置相关组件进行拆检。

实训操作

1. 检查保险丝与安装

01 拆卸保险丝。

① 进入驾驶室，用缠有保护胶带的一字旋具撬开保险丝盒，如图 4.2.4 所示。

图 4.2.4　保险丝盒盖

② 在保险丝盒中找到远光灯保险丝，使用保险丝夹将该保险丝取下。保险丝名称及容量如图 4.2.5 所示。

小贴士

➢ 远光灯保险丝位置见继电器盒盖背面。

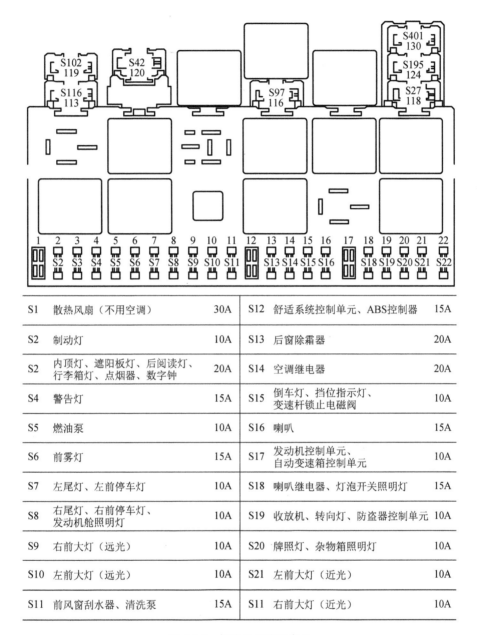

S1	散热风扇（不用空调）	30A	S12	舒适系统控制单元、ABS控制器	15A
S2	制动灯	10A	S13	后窗除霜器	20A
S2	内顶灯、遮阳板灯、后阅读灯、行李箱灯、点烟器、数字钟	20A	S14	空调继电器	20A
S4	警告灯	15A	S15	倒车灯、挡位指示灯、变速杆锁止电磁阀	10A
S5	燃油泵	10A	S16	喇叭	15A
S6	前雾灯	15A	S17	发动机控制单元、自动变速箱控制单元	10A
S7	左尾灯、左前停车灯	10A	S18	喇叭继电器、灯泡开关照明灯	15A
S8	右尾灯、右前停车灯、发动机舱照明灯	10A	S19	收放机、转向灯、防盗器控制单元	10A
S9	右前大灯（远光）	10A	S20	牌照灯、杂物箱照明灯	10A
S10	左前大灯（远光）	10A	S21	左前大灯（近光）	10A
S11	前风窗刮水器、清洗泵	15A	S11	右前大灯（近光）	10A

图 4.2.5　保险丝名称及容量

02 目测保险丝是否烧断。

① 烧断的保险丝如图 4.2.6 所示。

② 完好的保险丝如图 4.2.7 所示。

03 如目测无法判断保险丝是否烧断，则可选用万用表测保险丝电阻，若阻值为∞，则说明保险丝已坏，需更换保险丝。

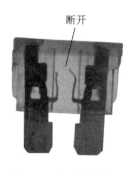

图 4.2.6　烧断的保险丝

图 4.2.7　完好的保险丝

04 安装新保险丝：确认保险丝载流量，按照对应颜色选用保险丝，如图 4.2.8 所示。

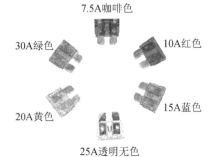

图 4.2.8　确认保险丝与载流量

2. 检查继电器

01 打开发动机舱盖。

02 从继电器盒中拆下远光灯继电器，如图 4.2.9 所示。

图 4.2.9　拆卸远光灯继电器

03 远光灯继电器位置见继电器盒盖背面。

04 检查远光灯继电器各插座是否有烧灼、损坏现象，如图 4.2.10 所示。

图4.2.10　检查继电器

05　检查远光灯继电器，根据表4.2.1中的值测量电阻，测量位置如图4.2.11所示。

表4.2.1　远光继电器电阻的测量

检测仪连接	条件	规定状态
3 - 5	在端子1和端子2间未施加电压	10kΩ或更大
3 - 5	在端子1和端子2间施加电压	小于1Ω

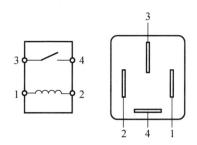

图4.2.11　测量电阻的位置

如果不符合上述标准，则说明继电器损坏，应该更换新继电器。

3. 前照灯的灯光光束的调整

01　在车辆装备齐全（包括所有常规设备，如备胎、工具、千斤顶、灭火器等）后，轮胎气压正常。后座坐一人或放70kg行李，车辆停放在平坦场地，距屏幕或墙壁10m的情况下，前照灯光束最低线a-a应在前照灯水平中心线H-H的下方10cm处，如图4.2.12所示。

02　达不到对前照灯的光束要求，可以进行调整。前照灯的水平光束，用光束水平方向的调整螺钉B进行调整，前照灯的垂直光束用光束垂直方向调整螺钉A进行调整，如图4.2.13所示。

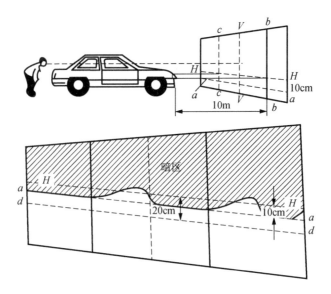

图 4.2.12 前照灯光束的调整要求

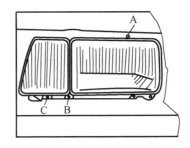

图 4.2.13 前照灯与雾灯灯光的调整部位

考核评价

　　操作完毕后，结合表 4.2.2 对本次实训过程及结果进行客观的评价，包括学生自评、小组互评和教师总体评价。评分完成后，学生可填写学习体会，包括本次实训的完成情况、完成效果、收获体会和改进措施等。

表 4.2.2　考核评价表

序号	测评内容	分值	评分标准	自评	互评	师评
1	能够检查继电器	10 分	操作正确即得分,操作错误或未进行操作即 0 分			
2	能够检查保险丝	20 分	操作正确即得分,操作错误或未进行操作即 0 分			
3	能够安装新保险丝	30 分	操作正确即得分,操作错误或未进行操作即 0 分			

续表

序号	测评内容	分值	评分标准	自评	互评	师评
4	能够进行灯光光束水平调整	20分	操作正确即得分,操作错误或未进行操作即0分			
5	能够进行灯光光束垂直调整	20分	操作正确即得分,操作错误或未进行操作即0分			

综合得分：　　　　　　　　　　　　　　教师签字：

学习体会：

课 堂 练 习

一、判断题

1．对于装有远、近光双丝灯泡的前照灯以调整远光光束为主。　　　　（　　　）

2．用仪器检验前照灯，仪器与前照灯之间的距离没有要求。　　　　（　　　）

3．继电器是一种解决大电流控制开关烧蚀的器件。　　　　　　　　（　　　）

4．前照灯灯泡经常烧坏，故障主要出自发电机的电压调节器。　　　（　　　）

5．左、右前照灯都不亮，首先应检查灯泡。　　　　　　　　　　　（　　　）

二、单选题

1．德国大众车的电路图最上部四条线中的30表示（　　　）。

　　A．元件号　　　　　　　B．连接号　　　　　　C．常火线　　　　D．排序号

2．前照灯远光和近光都不亮，可能的原因是（　　　）。

　　A．中央线路板插接器及连接导线接触不良、断路

　　B．变光开关有故障

　　C．仪表板14孔插接器上蓝/红色导线断路

　　D．保险丝S4熔断

5

项 目

汽车信号系统的拆装与检测

>>>>>

◎ **项目导读**

  汽车信号系统是为了使驾驶员掌握车辆运行情况，以及用以向他人或其他车辆发出警告和示意的信号装置。其主要包括转向灯、危险警告灯、制动信号灯、倒车信号灯、喇叭（扬声器）、仪表及警告灯。

  本项目主要通过对信号系统主要部件的拆装和检修作业，认识及理解信号系统的结构、组成、工作原理及检修方法。

◎ **项目目标**

知识目标

- 认知信号系统的组成和工作原理。
- 认知信号系统各部分的结构和工作原理。

技能目标

- 能够根据工艺标准对信号系统进行拆卸、检修与安装，检测信号系统的运行状况。

转向灯及危险警告灯的检修

◎ **任务目标**

1. 了解转向灯的功用。
2. 了解汽车转向信号装置的组成及工作原理。
3. 掌握转向灯、危险警告灯的检查及故障分析。

◀ ◀ ◀ 知 识

知识 1　转向信号装置的作用

转向信号灯主要指示汽车行驶的趋向。转向灯亮时，其光色为黄色，以 50～120 次/min 的频率闪烁，以引起前后车辆及行人的注意（一般白天在 100m 以外应能看清）。另外，汽车转向灯同时闪烁，作为危险警报的指示。

知识 2　汽车转向信号装置的组成

转向信号装置由转向灯、转向灯开关和闪光继电器等组成。

1）转向灯灯泡：用以显示车辆行驶方向。

2）转向灯开关：用于控制左、右侧转向灯电路，如图 5.1.1 所示。

图 5.1.1　转向灯开关

3）闪光继电器：主要用于实现转向灯的闪烁。通常分为电热式、电容式、电子式（晶体管式和集成电路式）等。桑塔纳轿车采用电子式闪光继电器，如图 5.1.2 所示。

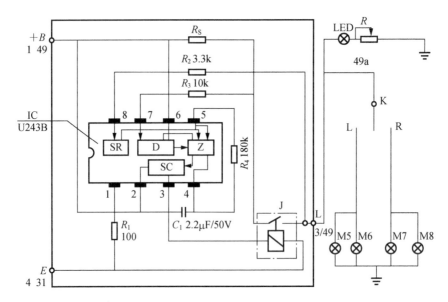

图 5.1.2　桑塔纳轿车闪光器电路原理图

SR—输入检测器；D—电压检测器；Z—振荡器；SC—输出级；R_S—取样电阻；J—继电器

U243B 型集成块是一块低功率、高精度的汽车电子闪光器专用集成电路。U243B 的标称电压为 12V，实际工作电压为 9～18V，采用双列 8 脚直插塑料封装。内部电路主要由输入检测器（SR）、电压检测器（D）、振荡器（Z）及功率输出级（SC）四部分组成。输入检测器用来检测转向信号灯开关是否接通。振荡器由一个电压比较器和外接的电阻 R_4 和电容器 C_1 构成。内部电路比较器的一端提供了一个参考电压，其值由电压检测器控制，比较器的另一端则由外接的电阻 R_4 和电容器 C_1 提供一个变化的电压，从而形成电路的振荡。振荡器工作时，输出级的矩形波便控制继电器线圈的电路并使继电器触点反复打开和闭合。于是，转向信号灯和转向指示灯闪烁，频率为 80 次/min。如果一只转向灯烧坏，则流过取样电阻 R_S 的电流减小，其电压降减小，经电压检测器识别后，便控制振荡器电压比较器的参考电压，从而改变振荡频率，使转向指示灯的闪光频率加快一倍，以提示驾驶员及时检修。当打开危险警报开关时，汽车的前、后、左、右转向信号灯同时闪烁作为危险警报信号。

知识 3　转向灯、危险警告灯控制电路

常见转向灯控制电路如图 5.1.3 所示。

1. 汽车转向灯的工作情况

打开点火开关，将转向灯开关拨到左（或右），电流从蓄电池正极→点火开关→熔丝→转向信号闪光器→左转向信号灯开关（或右）→左（或右）转向信号灯→搭铁→蓄电池负极，左（或右）转向信号灯闪烁。

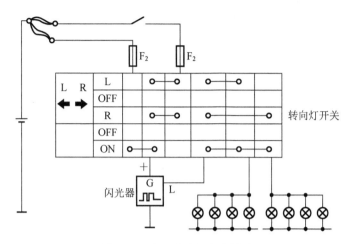

图5.1.3　常见转向灯控制电路

2. 汽车危险警告灯的工作原理

打开危险警告灯开关，电流从蓄电池正极→熔丝→危险警告灯开关→转向信号闪光器→转向灯开关→左、右转向信号灯→搭铁→蓄电池负极，左、右转向信号灯同时闪烁。

◀◀◀ **实　训**

实训　转向灯及危险警告灯的检查

实训准备

工作场景：理实一体化教室。

设备器材：桑塔纳轿车、常用工具一套、梅花套筒T30、扭力扳手、三件套、清洁布、纸巾。

技术要求：按照维修手册规定的标准检查汽车转向灯及危险警告灯。

实训操作

1. 检查转向灯及危险警告灯

01 分别开启左、右转向灯，检查左右转向灯及仪表转向信号指示灯是否正常闪烁及闪烁频率是否正常，如图5.1.4和图5.1.5所示。

02 检查转向灯开关是否自动回位。

03 按下危险警告灯按钮，检查危险警告灯的指示灯是否正常闪烁，如图5.1.6所示。检查危险警告灯是否正常闪烁，如图5.1.7所示。

图 5.1.4　转向指示灯

图 5.1.5　左侧转向灯

图 5.1.6　危险警告灯指示灯

图 5.1.7　危险警告灯

04 再次按下危险警告灯按钮，关闭危险警告灯。

2. 转向灯及危险警告灯的故障分析

汽车转向灯及危险警告灯故障现象、故障可能的原因及排除方法见表 5.1.1。

表 5.1.1　转向灯及危险警告灯的故障分析

故障现象	故障可能的原因	排除方法
危险警告灯和转向灯都不工作	灯泡与灯座接触不良	修理或更换
	棕色导线搭铁不良	修理
	保险丝熔断	更换
	继电器（危险警告灯和转向灯共用）损坏	修理或更换
危险警告灯和转向灯工作正常，仪表板上的指示灯不亮	仪表板 14 孔插接器上蓝/红色导线断路	更换
	中央线路板 A17 接头接触不良	修理
	发光二极管损换	更换
转向灯工作而危险警告灯不工作或相反	保险丝熔断	更换
	危险警告灯开关或连接导线有故障	修理或更换
	转向灯开关或连接导线有故障	修理或更换

考核评价

操作完毕后，结合表 5.1.2 对本次实训过程及结果进行客观的评价，包括学生自评、

小组互评和教师总体评价。评分完成后，学生可填写学习体会，包括本次实训的完成情况、完成效果、收获体会和改进措施等。

表 5.1.2　考核评价表

序号	测评内容	分值	评分标准	自评	互评	师评
1	前期准备工作	10 分	操作正确即得分，操作错误或未进行操作即 0 分			
2	正确开启左、右转向灯	10 分	操作正确即得分，操作错误或未进行操作即 0 分			
3	能够正确检查左右转向灯及指示灯	10 分	操作正确即得分，操作错误或未进行操作即 0 分			
4	能正确检查转向灯开关自动回位功能	10 分	操作正确即得分，操作错误或未进行操作即 0 分			
5	能够正确开启危险警告灯	10 分	操作正确即得分，操作错误或未进行操作即 0 分			
6	能够正确检查危险警报灯及其指示灯	10 分	操作正确即得分，操作错误或未进行操作即 0 分			
7	能够正确分析转向灯、危险警告灯电路故障	20 分	操作正确即得分，操作错误或未进行操作即 0 分			
8	按文明生产规则进行操作	10 分	操作正确即得分，操作错误或未进行操作即 0 分			
9	整理工位卫生	10 分	操作正确即得分，操作错误或未进行操作即 0 分			
综合得分：			教师签字：			

学习体会：

课　堂　练　习

一、判断题

1．转向灯闪烁时发出红色光。　　　　　　　　　　　　　　　（　　）
2．电子式闪光器分为晶体管式和集成电路式。　　　　　　　　（　　）
3．所有转向灯不亮，说明该侧的转向灯灯泡发生故障。　　　　（　　）
4．危险警告灯电路不受点火开关控制。　　　　　　　　　　　（　　）

二、单选题

1. 控制转向灯闪光频率的是（　　　）。
    A．转向开关　　　B．点火开关　　　C．闪光器　　　D．转向灯灯泡
2. （　　）的作用是指示汽车的行驶趋向。
    A．前照灯　　　　B．顶灯　　　　　C．牌照灯　　　　D．转向灯

 **制动灯及电路检修**

◎ **任务目标**

1. 了解制动灯的功用。
2. 能够正确使用工具对制动灯及其电路进行检查与拆装。

 知　识

知识 1　制动灯的作用

制动灯又称刹车灯。其作用是在汽车制动时，向后面的车发出灯光信号，以警告尾随的车辆，防止追尾。制动灯灯光为红色，安装于汽车尾部，有些轿车还装有高位制动灯。制动灯的安装位置如图 5.2.1 所示。

图 5.2.1　制动灯安装位置

知识 2　制动灯的电路原理

当踏下制动踏板时，制动灯开关导通，制动灯点亮。当松开制动踏板时，制动灯开关断开，制动灯熄灭。制动灯的电路原理如图 5.2.2 所示。

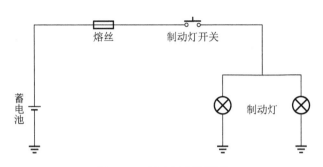

图 5.2.2　制动灯电路原理

◀ ◀ ◀ 实　训

| 实训 | 制动灯及制动灯开关的拆装与检测 |

实训准备

工作场景：理实一体化教室。

设备器材：桑塔纳轿车、常用工具一套。

技术要求：按照工艺标准，在规定时间内对制动灯及电路进行拆检。

实训操作

1. 制动灯的检查

01 将点火开关打开至 ON 挡。

02 轻踏制动踏板时制动灯应点亮，松开时应熄灭。否则，调整制动灯开关或拆装检查。制动灯的检查如图 5.2.3 所示。

图 5.2.3　制动灯的检查

2. 制动灯开关的检查

01 将万用表旋至欧姆挡并进行校零，如图 5.2.4 所示。

02 将制动开关触头按压到底，如图 5.2.5 所示。

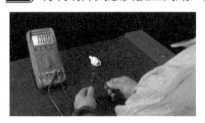

图 5.2.4 万用表校零

图 5.2.5 按压制动开关触头

03 测量制动开关 1 号和 2 号端子，标准值应小于 1Ω，如图 5.2.6 所示。

图 5.2.6 测量制动开关端子

考核评价

操作完毕后，结合表 5.2.1 对本次实训过程及结果进行客观的评价，包括学生自评、小组互评和教师总体评价。评分完成后，学生可填写学习体会，包括本次实训的完成情况、完成效果、收获体会和改进措施等。

表 5.2.1 考核评价表

序号	测评内容	分值	评分标准	自评	互评	师评
1	前期准备工作	10 分	操作正确即得分，操作错误或未进行操作即 0 分			
2	正确开启制动灯	10 分	操作正确即得分，操作错误或未进行操作即 0 分			
3	能够正确检查制动灯	10 分	操作正确即得分，操作错误或未进行操作即 0 分			
4	能正确更换制动灯灯泡	10 分	操作正确即得分，操作错误或未进行操作即 0 分			
5	能够正确拆装制动灯开关	10 分	操作正确即得分，操作错误或未进行操作即 0 分			
6	能够正确检测制动灯开关	10 分	操作正确即得分，操作错误或未进行操作即 0 分			

续表

序号	测评内容	分值	评分标准	自评	互评	师评
7	能够正确分析制动灯电路故障	20 分	操作正确即得分,操作错误或未进行操作即 0 分			
8	按文明生产规则进行操作	10 分	操作正确即得分,操作错误或未进行操作即 0 分			
9	整理工位卫生	10 分	操作正确即得分,操作错误或未进行操作即 0 分			

综合得分:　　　　　　　　　　　　　教师签字:

学习体会:

◀◀◀◀◀ 课 堂 练 习 ▶▶▶▶▶

一、判断题

1. 制动灯开关损坏,会导致某一个制动灯不亮。　　　　　　　　　　（　　）
2. 高位制动灯损坏,汽车不能制动。　　　　　　　　　　　　　　　（　　）
3. 制动灯保险丝损坏,不会影响制动。　　　　　　　　　　　　　　（　　）
4. 汽车熄火后拔出钥匙,踩制动踏板,制动灯不应该点亮。　　　　　（　　）

二、单选题

1. 汽车制动灯的颜色是（　　）。
　　A. 红色　　　　　　B. 黄色　　　　　　C. 白色　　　　　　D. 蓝色
2. 制动灯开启与关闭受（　　）控制。
　　A. 制动灯灯泡　　　B. 制动灯开关　　　C. 保险丝　　　　　D. 继电器

任务 5.3　喇叭及电路检修

◎ **任务目标**

1. 了解喇叭的分类及工作原理。
2. 能够在规定时间内对喇叭进行维护、调整及故障分析。

知识 1 喇叭的作用

汽车喇叭用来警告行人和其他车辆引起注意，以保证交通安全。

知识 2 喇叭的分类

1）按发音动力的不同分为气喇叭和电喇叭。

2）按外形不同分为螺旋形、盆形、筒形，如图 5.3.1 所示。

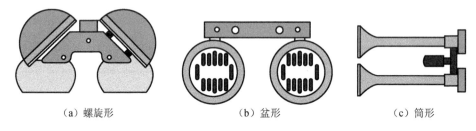

（a）螺旋形　　　　　　　　（b）盆形　　　　　　　　（c）筒形

图 5.3.1 喇叭的分类

3）按声频高低可分为高音和低音。

知识 3 盆形电喇叭的工作原理

盆形电喇叭（图 5.3.2）具有结构尺寸小、质量轻、故障少等特点，因此，现代汽车普遍采用。当电路接通时线圈产生吸力，上铁心被吸下与下铁心碰撞，激励与膜片一体的共鸣片产生共鸣，从而发出悦耳的声音。

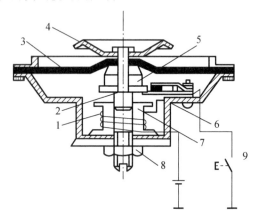

图 5.3.2 盆形电喇叭

1—线圈；2—活动铁心；3—膜片；4—共鸣片；5—振动块；6—外壳；
7—电磁铁心；8—螺母；9—喇叭按钮

知识4　喇叭继电器的电路

为获得更加悦耳的声音，应装有两个不同音调的喇叭。因其消耗电流较大，用开关控制易烧蚀，故采用喇叭继电器。喇叭继电器电路如图5.3.3所示。

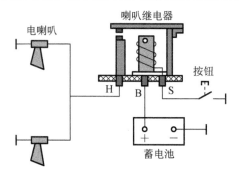

图5.3.3　喇叭继电器电路

◀◀◀ **实　训**

实训　喇叭及电路的拆装与检测

实训准备

工作场景：理实一体化教室。

设备器材：桑塔纳轿车、常用工具一套。

技术要求：按照工艺标准，在规定时间内对喇叭进行检测。

实训操作

1. 喇叭的维护与调整

01 喇叭的维护。

① 经常保持喇叭外表清洁，接线牢固。

② 经常检查、紧固喇叭和支架的固定螺钉，保证搭铁可靠。

③ 喇叭不能做刚性连接，应固定在缓冲支架上。

④ 防止水进入喇叭内部而使喇叭不响。

⑤ 喇叭连续发音不得超过10s，以免损坏喇叭。

02 喇叭的调整。

① 音调调整：用工具减小上下铁心的间隙，因为音调的高低取决于膜片的振动频率。

② 音量调整：用工具调整螺钉，改变触点的接触压力，因为音量的强弱取决于通过喇叭线圈的电流大小。喇叭音调与音量的调整如图5.3.4所示。

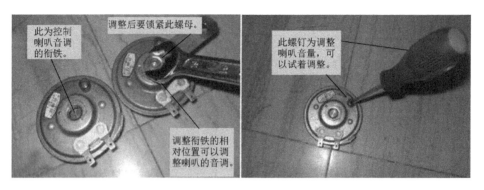

图 5.3.4　喇叭音量与音调的调整

2. 喇叭的故障分析

桑塔纳轿车上有高音喇叭和低音喇叭各一个，两个喇叭同步工作，形成良好的双音效果。高、低音喇叭共用一个继电器（位于中央线路板 6 号位），合用一个喇叭按钮。喇叭的常见故障分析见表 5.3.1。

表 5.3.1　喇叭的故障分析

故障现象	故障原因	排除办法
高音和低音喇叭均不响	喇叭接线柱上黑黄色导线接触不良、断路	修理或更换
	保险丝熔断	更换
	喇叭有故障	更换
	喇叭按钮导线断路或内部接触不良	修理或更换
喇叭声音低哑	蓄电池存电不足	充电或更换蓄电池
	喇叭有故障	更换
放松喇叭按钮后，喇叭长鸣不停	喇叭内部短路	更换
	喇叭按钮短路	修理

考核评价

操作完毕后，结合表 5.3.2 对本次实训过程及结果进行客观的评价，包括学生自评、小组互评和教师总体评价。评分完成后，学生可填写学习体会，包括本次实训的完成情况、完成效果、收获体会和改进措施等。

表 5.3.2　考核评价表

序号	测评内容	分值	评分标准	自评	互评	师评
1	前期准备工作	10 分	操作正确即得分，操作错误或未进行操作即 0 分			
2	正确使用汽车喇叭	10 分	操作正确即得分，操作错误或未进行操作即 0 分			

续表

序号	测评内容	分值	评分标准	自评	互评	师评
3	能够正确检测喇叭的工作情况	10 分	操作正确即得分,操作错误或未进行操作即 0 分			
4	能正确分辨汽车喇叭	10 分	操作正确即得分,操作错误或未进行操作即 0 分			
5	能够正确拆装汽车喇叭	10 分	操作正确即得分,操作错误或未进行操作即 0 分			
6	能够正确检测及调整汽车喇叭	10 分	操作正确即得分,操作错误或未进行操作即 0 分			
7	能够正确分析汽车喇叭的电路故障	20 分	操作正确即得分,操作错误或未进行操作即 0 分			
8	按文明生产规则进行操作	10 分	操作正确即得分,操作错误或未进行操作即 0 分			
9	整理工位卫生	10 分	操作正确即得分,操作错误或未进行操作即 0 分			

综合得分:　　　　　　　　　　　　　　　教师签字:

学习体会:

课 堂 练 习

一、判断题

1．汽车喇叭连续长时间使用不影响其性能。　　　　　　　　（　　）
2．如果喇叭嘶哑,一定是电量不足所引起的。　　　　　　　（　　）
3．喇叭的音量和音调一旦设定好是不可调整的。　　　　　　（　　）

二、单选题

1．喇叭音量小的原因是（　　）。
　　A．喇叭太小　　　　　　　　　　B．喇叭上有灰尘
　　C．喇叭触点烧蚀　　　　　　　　D．喇叭搭铁不良
2．喇叭不响的故障原因是（　　）。
　　A．喇叭触点不能脱离　　　　　　B．喇叭上有灰尘
　　C．喇叭触点烧蚀　　　　　　　　D．喇叭保险丝烧断

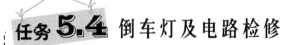

任务 5.4 倒车灯及电路检修

◎ **任务目标**

1. 认识倒车灯及其工作原理。
2. 能够在规定时间内对倒车灯及电路进行检测。

 ◀◀◀ 知 识 📖

知识 1　倒车灯的作用

　　倒车灯安装在汽车尾部，由安装在变速器上的倒车灯开关控制。倒车灯能够在夜间倒车时提供汽车后部的照明，同时也警告后方车辆注意安全。倒车灯如图 5.4.1 所示。

图 5.4.1　倒车灯

知识 2　倒车灯电路

　　常见倒车灯电路如图 5.4.2 所示。当变速器置于倒挡时，倒车灯开关触点闭合，倒车灯和倒车蜂鸣器电路接通，倒车灯点亮，蜂鸣器鸣叫；当变速器摘掉倒挡时，倒车灯开关触点打开，倒车灯和倒车蜂鸣器电路切断，倒车灯熄灭，蜂鸣器停叫。

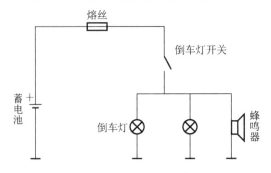

图 5.4.2　倒车灯电路

实训　倒车灯及电路的拆装与检测

实训准备

工作场景：理实一体化教室。

设备器材：桑塔纳轿车、常用工具一套。

技术要求：按照工艺标准，在规定时间内对倒车灯及电路进行拆检。

实训操作

1. 检查倒车灯

01 打开点火开关，但不要起动发动机。

02 踩下离合器踏板，将变速杆置于倒挡位置，如图 5.4.3 所示。

03 检查倒车灯是否正常点亮，如图 5.4.4 所示。

图 5.4.3　倒挡位置

图 5.4.4　倒车灯

2. 桑塔纳轿车倒车灯电路分析

桑塔纳轿车倒车灯电路如图 5.4.5 所示。

打开点火开关，当变速器置于倒挡时，倒车灯开关闭合，其电路为：

蓄电池正极→中央接线盒 P1 接线柱→中央接线盒 P2 接线柱→点火开关 30 接线柱→点火开关 15 接线柱→中央接线盒 A8 接线柱→保险 S15→中央接线盒 C20 接线柱→倒车灯开关 F4→中央接线盒 C21 接线柱→中央接线盒 E21 接线柱→倒车灯 M16、M17→搭铁→蓄电池负极。

当变速器置于前进挡时，倒车灯开关断开，倒车灯熄灭。

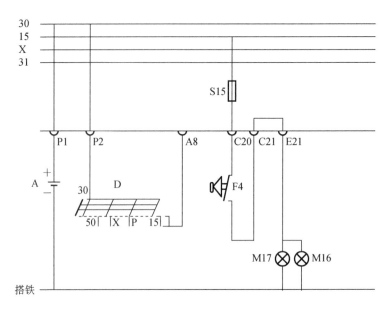

图 5.4.5 桑塔纳轿车倒车灯电路

考核评价

操作完毕后，结合表 5.4.1 对本次实训过程及结果进行客观的评价，包括学生自评、小组互评和教师总体评价。评分完成后，学生可填写学习体会，包括本次实训的完成情况、完成效果、收获体会和改进措施等。

表 5.4.1 考核评价表

序号	测评内容	分值	评分标准	自评	互评	师评
1	前期准备工作	10 分	操作正确即得分，操作错误或未进行操作即 0 分			
2	正确描述倒车灯的作用	10 分	操作正确即得分，操作错误或未进行操作即 0 分			
3	能够正确指认倒车灯	10 分	操作正确即得分，操作错误或未进行操作即 0 分			
4	能正确检测倒车灯	10 分	操作正确即得分，操作错误或未进行操作即 0 分			
5	能够正确拆装倒车灯开关	10 分	操作正确即得分，操作错误或未进行操作即 0 分			
6	能够正确检测倒车灯开关	10 分	操作正确即得分，操作错误或未进行操作即 0 分			
7	能够正确分析倒车灯电路故障	20 分	操作正确即得分，操作错误或未进行操作即 0 分			

续表

序号	测评内容	分值	评分标准	自评	互评	师评
8	按照文明生产规则进行操作	10 分	操作正确即得分,操作错误或未进行操作即 0 分			
9	整理工位卫生	10 分	操作正确即得分,操作错误或未进行操作即 0 分			

综合得分:　　　　　　　　　　　　　　　教师签字:

学习体会:

◀◀◀◀◀ 课 堂 练 习 ▶▶▶▶▶

一、判断题

1. 倒车灯发出黄颜色的光。　　　　　　　　　　　　　　　　　　　　　（　　）
2. 倒车灯通常安装在后尾灯的两边最外侧。　　　　　　　　　　　　　　（　　）
3. 倒车灯开关通常安装在变速箱盖上。　　　　　　　　　　　　　　　　（　　）
4. 打开点火开关,置于倒车挡,倒车灯应该点亮。　　　　　　　　　　　（　　）

二、单选题

1. 倒车灯安装于汽车（　　）位置。
   A. 前部　　　　　　B. 左侧　　　　　　C. 右侧　　　　　　D. 尾部
2. 以下部件属于倒车灯电路的是（　　）。
   A. 起动继电器　　　B. 制动灯开关　　　C. 倒车灯开关　　　D. 前照灯开关

任务 5.5　仪表及警告灯检修

◎ **任务目标**

1. 了解各仪表的作用。
2. 认识常见的警告灯图形符号。
3. 掌握燃油警告灯工作原理。
4. 能够在规定时间内,对部分信号及警告灯和电路进行拆检。

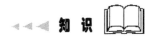

知识 1   汽车仪表

汽车仪表主要包括发动机转速表、车速里程表、燃油表和水温表等，如图 5.5.1 所示。

1. 发动机转速表

发动机转速表如图 5.5.2 所示。其作用是测量发动机曲轴的转速。

电子式转速表获得信号的方式：

1）从点火系统获取信号。

2）从飞轮或正时齿轮获取信号。

3）从发电机上获取信号。

图 5.5.1   汽车仪表

图 5.5.2   发动机转速表

2. 车速里程表

车速里程表由车速表和里程表两部分组成，如图 5.5.3 所示。其作用是指示汽车行驶速度和累计行驶里程。按照其工作原理不同分为磁感应式车速里程表（图 5.5.4）和电子式车速里程表两种。

图 5.5.3   车速里程表

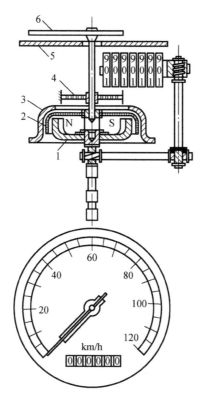

图 5.5.4　磁感应式车速里程表

1—永久磁铁；2—铝碗；3—罩壳；4—盘形弹簧；5—刻度盘；6—指针

电子式车速里程表由车速传感器、电子电路、步进电动机、车速表及里程表等组成，如图 5.5.5 所示。

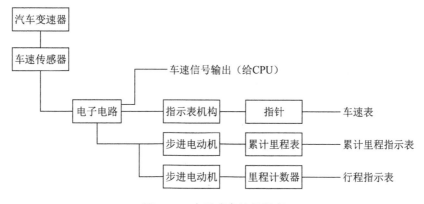

图 5.5.5　电子式车速里程表

3. 燃油表

燃油表如图 5.5.6 所示，用来指示汽车油箱中的存油量。其主要由燃油表和传感器组成，传感器位于油箱中。燃油表分为电热式仪表和电磁式仪表两种。

电磁式燃油表工作原理如图 5.5.7 所示。

图 5.5.6　桑塔纳车燃油表

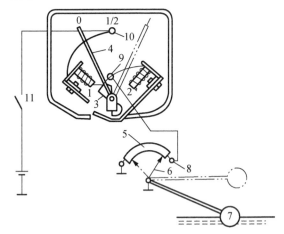

图 5.5.7　电磁式燃油表

1—左线圈；2—右线圈；3—转子；4—指针；5—可变电阻；6—滑片；
7—浮子；8—传感器接线柱；9、10—燃油表接线柱；11—点火开关

当油箱无油时，线圈 2 被短路。线圈 1 中的电流达到最大，产生的电磁力最强，吸引转子 3 使指针指向"0"的位置。

当油箱中的燃油增加时，可变电阻 5 的阻值变大，使线圈 2 中的电流增加，而线圈 1 中的电流减小，在线圈 1 和线圈 2 的合成磁场作用下，转子带动指针向右偏转，指针指向高刻度位置。

当油箱装满油时，线圈 2 的电磁力最大，指针指向"1"的位置，当油箱中油为半箱时，指针指向"1/2"的位置。

4. 水温表

水温表如图 5.5.8 所示，用来指示发动机冷却液工作温度。电磁式水温表的工作电路主要由水温表和水温传感器组成，如图 5.5.9 所示。水温表分为电热式和电磁式两种；水温传感器分为电热式和热敏电阻式两种。

图 5.5.8　水温表

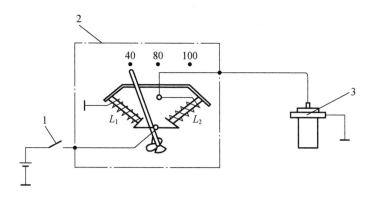

图 5.5.9　电磁式水温表的工作电路

1—点火开关；2—水温表；3—水温传感器

知识 2　汽车警告灯

1. 警告灯的图形符号

现代汽车为了指示汽车各个系统的工作状况或发生故障时提醒驾驶员注意或停车检修，警告灯通常安装在汽车仪表上，灯泡功率一般为 1～4W，在灯泡前设有滤光片，使警告灯发红光或黄光，滤光片上通常有标准图形符号，常见的警告灯图形符号如表 5.5.1 所示。

表 5.5.1　汽车警告灯

图形	名称	功能
	机油指示灯	用来显示发动机内机油的压力状况。打开钥匙门，车辆开始自检时，指示灯点亮，启动后熄灭。该指示灯常亮，说明该车发动机机油压力低于规定标准，需要维修
	ABS 指示灯	用来显示 ABS（防抱死制动系统）工作状况。当打开钥匙门，车辆自检时，ABS 灯会点亮数秒，随后熄灭。如果未闪亮或者启动后仍不熄灭，表明 ABS 出现故障
	蓄电池指示灯	用来显示蓄电池使用状态。当打开钥匙门，车辆开始自检时，该指示灯点亮，启动后自动熄灭。如果启动后蓄电池指示灯常亮，说明电源系统出现故障，需要维修
	油量指示灯	用来显示车辆内储油量的多少，当钥匙门打开，车辆进行自检时，该油亮指示灯会短时间点亮，随后熄灭。如启动后该指示灯点亮，则说明车内油量已不足
	车门指示灯	用来显示车辆各车门状况，任意车门未关上，或者未关好，该指示灯都会点亮相应的车门指示灯，提示车主车门未关好；当车门关闭或关好时，相应车门指示灯熄灭

图形	名称	功能
	安全气囊指示灯	用来显示安全气囊的工作状态，当打开钥匙门，车辆开始自检时，该指示灯自动点亮数秒后熄灭；如果常亮，则安全气囊出现故障
	刹车盘指示灯	用来显示车辆刹车盘磨损的状况。一般情况下，该指示灯为熄灭状态，当刹车盘出现故障或磨损过度时，该灯点亮，修复后熄灭
	手刹指示灯	用来显示车辆手刹的状态，平时为熄灭状态。当手刹被拉起后，该指示灯自动点亮；手刹被放下时，该指示灯自动熄灭。有的车型在行驶中未放下手刹会伴随有警告音
	水温指示灯	用来显示发动机内冷却液的温度，当钥匙门打开，车辆自检时，会点亮数秒，后熄灭。水温指示灯常亮，说明冷却液温度超过规定值，需立刻暂停行驶，水温正常后熄灭
	发动机故障指示灯	用来显示车辆发动机的工作状况，当打开钥匙门，车辆自检时，该指示灯点亮后自动熄灭，如常亮则说明车辆的发动机出现了故障，需要维修
	转向指示灯	用来显示车辆转向灯所在的位置。该指示灯通常为熄灭状态。当车主点亮转向灯时，该指示灯会同时点亮相应方向的转向指示灯，转向灯熄灭后，该指示灯自动熄灭
	远光指示灯	用来显示车辆远光灯的状态。通常的情况下，该指示灯为熄灭状态。当车主点亮远光灯时，该指示灯会同时点亮，以提示车主，车辆的远光灯处于开启状态
	玻璃清洁液指示灯	用来显示车辆所装玻璃清洁液的多少，平时为熄灭状态，该指示灯点亮时，说明车辆所装载玻璃清洁液已不足，需添加玻璃清洁液。添加玻璃清洁液后，指示灯熄灭
	雾灯指示灯	用来显示前后雾灯的工作状况，当前后雾灯点亮时，该指示灯相应的标志就会点亮。关闭雾灯后，相应的指示灯熄灭
	示宽指示灯	用来显示车辆示宽灯的工作状态，平时为熄灭状态，当示宽灯打开时，该指示灯随即点亮。当示宽灯关闭时，该指示灯自动熄灭
	内循环指示灯	用来显示车辆空调系统的工作状态，平时为熄灭状态。当按下内循环按钮，车辆关闭外循环，空调系统进入内循环状态时，该指示灯自动点亮。内循环关闭时，该指示灯熄灭

图形	名称	功能
VSC	VSC 指示灯	用来显示车辆 VSC（电子车身稳定系统）的工作状态，多出现在日系车上。当该指示灯点亮时，说明 VSC 系统已被关闭
	TCS 指示灯	用来显示车辆 TCS（牵引力控制系统）的工作状态，多出现在日系车上。当该指示灯点亮时，说明 TCS 系统已被关闭
EPC	EPC 指示灯	常见于大众品牌车型中。当打开钥匙门，车辆开始自检时，EPC 灯会点亮数秒，随后熄灭。如车辆起动后仍不熄灭，说明车辆电子系统出现故障
O/D OFF	O/D 挡指示灯	用来显示自动挡的 O/D 挡（Over-Drive）超速挡的工作状态，当 O/D 挡指示灯闪亮时，说明 O/D 挡已锁止。此时加速能力获得提升，但会增加油耗
	安全带指示灯	用来显示安全带是否处于锁止状态，当该灯点亮时，说明安全带没有及时地扣紧。有些车型会有相应的提示音。当安全带被及时扣紧后，该指示灯自动熄灭

2. 燃油警告灯的工作原理

热敏电阻式燃油警告灯工作原理如图 5.5.10 所示。当燃油箱内燃油量多时，热敏电阻元件浸没在燃油中，散热快，其温度较低，电阻值大，警告灯处于熄灭状态。当燃油减少到规定值以下时，热敏电阻元件露出油面，散热慢，温度升高，电阻值减小，电路中电流增大，则警告灯发亮，提醒驾驶员及时加油。

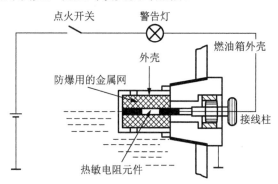

图 5.5.10　燃油警告灯工作原理

◀ ◀ ◀ 实 训

实训 部分信号及警告灯和电路的拆装与检测

实训准备

工作场景：理实一体化教室。

设备器材：桑塔纳轿车、常用工具一套。

技术要求：按照工艺标准，在规定时间内对部分信号及警告灯和电路进行拆检。

实训操作

1. 燃油表的故障检测

1）故障现象：接通点火开关后，指针指向"无油"位置。

2）故障原因：

① 传感器内部搭铁或浮子损坏。

② 燃油表至传感器的导线搭铁。

③ 燃油表电源线断路。

④ 燃油表内部故障。

3）故障诊断：

① 检查燃油泵传感器内部是否搭铁，浮子是否损坏。

② 检测燃油表到传感器的线路是否有搭铁现象。

③ 检测燃油表电源线路是有断路。

④ 检测仪表内部故障。

2. 水温表的故障检测

1）故障现象：发动机工作时，水温表指针不动，反映不出发动机冷却液的温度。

2）故障原因：

① 水温传感器故障。

② 水温表自身故障。

③ 稳压器工作不正常，线路有断路。

3）故障诊断：将传感器的接线插头拔下，使该导线直接搭铁，打开点火开关，观察冷却液温度表的指针情况。

① 如指针开始移动，则说明故障在传感器。

② 如表针仍无指示，则说明故障在仪表自身，稳压器或线路有断路。

③ 如水温度表与燃油表同时出现故障，则说明稳压器或线路出现故障的可能性较大，应首先检查稳压器工作是否正常。

3. 机油指示灯的故障检测

1）故障现象：汽车在行驶过程中，发动机机油指示灯常亮。

2）故障原因：

① 机油压力报警开关故障。

② 润滑油路压力达不到规定要求。

③ 线路故障。

3）故障诊断：

① 拆下低压开关（30kPa 开关），将其拧入检测仪。把检测仪拧到气缸盖上的机油低压开关处，并将检测仪的褐色导线接地。

② 用辅助导线将二极管测试灯 V.A.G1527 接到蓄电池正极及低压开关 A 上时，发光二极管被点亮。起动发动机，慢慢提高转速，压力达到 15～45kPa 时，发光二极管必须熄灭，若不熄灭，则说明低压开关有故障。再令发动机怠速运转，机油压力应大于 45kPa，发光二极管应熄灭，若压力低于 15kPa，则说明润滑系统有故障。

③ 将二极管测试灯连接到高压开关 B（180kPa 开关）上，慢慢提高发动机转速，当机油压力达到 160～200kPa 时，发光二极管必须亮，若不亮，则说明高压开关有故障。进一步提高转速，转速到达 2000r/min 时，油压至少应达到 200kPa，若达不到，则说明润滑系统有故障。

4. 水温指示灯的故障检测

1）故障现象：汽车在行驶中，发动机无论冷态还是热态，水温指示灯常亮。

2）故障原因：

① 储液罐中冷却液液面过低。

② 冷却液液位开关故障。

③ 冷却液温度报警开关故障。

④ 线路有搭铁处。

3）故障诊断：

① 首先检查发动机冷却液温度是否真的过高，储液罐液面是否过低。

② 若①都正常但仍然报警的话，可拔下储液罐液位开关插头。如果报警灯熄灭，则说明故障在液位开关。

③ 如果仍然亮，接好液位开关插头，拔下冷却液温度报警开关插头。如果警告灯熄灭，则说明故障在冷却液温度报警开关。

④ 如果仍然亮，则说明线路有搭铁处。

考核评价

操作完毕后，结合表 5.5.2 对本次实训过程及结果进行客观的评价，包括学生自评、

小组互评和教师总体评价。评分完成后，学生可填写学习体会，包括本次实训的完成情况、完成效果、收获体会和改进措施等。

表 5.5.2　考核评价表

序号	测评内容	分值	评分标准	自评	互评	师评
1	前期准备工作	10 分	操作正确即得分，操作错误或未进行操作即 0 分			
2	能够正确指认车速里程表，并能准确读取数据	10 分	操作正确即得分，操作错误或未进行操作即 0 分			
3	能够正确指认发动机转速表，并能准确读取数据	10 分	操作正确即得分，操作错误或未进行操作即 0 分			
4	能够正确指认燃油表，并能准确读取数据	10 分	操作正确即得分，操作错误或未进行操作即 0 分			
5	能够正确指认水温表，并能准确读取数据	10 分	操作正确即得分，操作错误或未进行操作即 0 分			
6	能够正确指认其他汽车警告灯	30 分	操作正确即得分，操作错误或未进行操作即 0 分			
7	按照文明生产规则进行操作	10 分	操作正确即得分，操作错误或未进行操作即 0 分			
8	整理工位卫生	10 分	操作正确即得分，操作错误或未进行操作即 0 分			

综合得分：　　　　　　　　　　　　　　　教师签字：

学习体会：

◀◀◀◀◀ 课 堂 练 习 ▶▶▶▶▶

一、判断题

1. 车速表取自车速传感器的信号。　　　　　　　　　　　　　（　　）
2. 燃油表指针表示燃油箱的剩油量。　　　　　　　　　　　　（　　）
3. 如果机油压力警告灯亮，应立即停车检查。　　　　　　　　（　　）
4. 如果 ABS 警告灯亮，汽车将不能制动。　　　　　　　　　（　　）

二、单选题

1. 冷却液温度传感器装在发动机的（　　）。
　　A. 节温器上　　　　B. 主油道上　　　　　C. 水套中　　　　D. 水箱上
2. 燃油量报警开关采用的是（　　）报警开关。
　　A. 膜片式　　　　　B. 触电式　　　　　　C. 热敏电阻式　　D. 舌簧开关式
3. 下列（　　）英文缩写是安全气囊系统。
　　A. ABS　　　　　　B. SRS　　　　　　　C. GPS　　　　　D. CMOS
4. 符号　的含义是（　　）警告灯。
　　A. 水温报警　　　　B. 制动系统故障　　　C. 制动蹄磨损　　D. ABS 故障

6 项目

汽车辅助电气系统的拆装与检测

>>>>>

◎ **项目导读**

随着生活水平的提高，人们对车辆的使用性能要求越来越高，在乘坐的舒适性，操纵的方便性和行驶的安全性等方面有更多的需求，因此汽车辅助电气系统将越来越多。

◎ **项目目标**

知识目标

● 掌握各种车身辅助电器的功用、组成、控制原理及维修要点。

技能目标

● 能够对电动车窗、电动座椅、电动后视镜、中控门锁、防盗系统和电动天窗系统进行拆装与检测。

电动刮水器与风窗洗涤器的检修

◎ **任务目标**

1. 了解电动刮水器与风窗洗涤器的功用。
2. 了解电动刮水器与风窗洗涤器的组成。
3. 掌握电动刮水器与风窗洗涤器的工作原理。

◀◀◀ **知　识**

知识 1　电动刮水器

1. 电动刮水器的功用

电动刮水器又称雨刮器，是指安装在风窗玻璃前面的带有摇臂和橡胶片的刮水装置。它的主要作用是扫除风窗玻璃上妨碍视线的雨雪和尘土，以保证驾驶员在不良天气驾车时仍具有良好的视线，从而确保其行车安全。电动刮水器如图 6.1.1 所示。

图 6.1.1　电动刮水器

2. 电动刮水器的组成

电动刮水器主要由刮水片、刮水器传动机构和电动机等组成，如图 6.1.2 所示。电动刮水器的电动机一般有永磁式和励磁式两种。

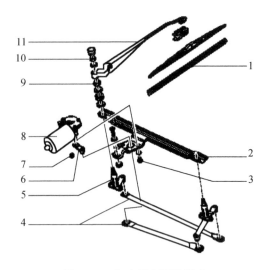

图 6.1.2　电动刮水器的组成

1—刮水橡皮条；2—刮水架；3—螺栓；4—连杆；5—刮水器支架；6—定位架；
7、9、10—螺母；8—电动机；11—定位杆

3. 电动刮水器的工作原理

不同挡位的切换由刮水器开关来实现，一般安装在方向盘下的转向柱右侧，以便于驾驶员操作。电动刮水器可以在 4 种不同挡位下工作，如图 6.1.3 所示。

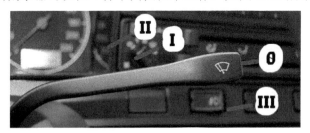

图 6.1.3　电动刮水器开关

0 挡—刮水器停止；Ⅰ挡—低速刮水；Ⅱ挡—高速刮水；Ⅲ挡—间歇刮水（每 6s 工作 1 次）

1）低速挡位，即Ⅰ挡位，如图 6.1.4 所示。

刮水器开关置于Ⅰ挡时，电流从蓄电池的正极→电源开关→保险丝→电刷 B_3→电枢绕组→电刷 B_1→刮水器Ⅰ档→搭铁，刮水器电动机低速运转。

2）高速挡位，即Ⅱ挡，如图 6.1.5 所示。

刮水器开关拉到Ⅱ挡时，电流从蓄电池的正极→电源开关→保险丝→电刷 B_3→电枢绕组→电刷 B_2→刮水器Ⅱ挡→搭铁，刮水器电动机高速运转。

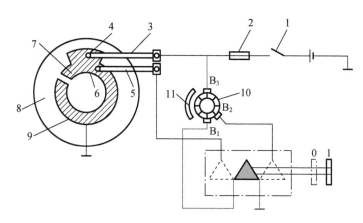

图 6.1.4　低速挡位电路图

1—电源开关；2—保险丝；3、5—触点臂；4、6—触点；7、9—铜环；8—蜗轮；10—电枢；11—永久磁铁

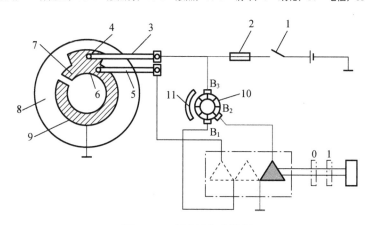

图 6.1.5　高速挡位电路图

1—电源开关；2—保险丝；3、5—触点臂；4、6—触点；7、9—铜环；8—蜗轮；10—电枢；11—永久磁铁

3）自动回位电路如图 6.1.6 所示。

当刮水开关推到 0 挡时，如果刮水器的刮水片没有停在规定的位置，电流经蓄电池正极→电源开关→保险丝→电刷 B_3 →电枢绕组→电刷 B_1 →刮水器 0 挡→触点臂 5→铜环 9→搭铁，这时电动机将继续转动。当刮水片摆到适当位置后，自动复位触片分离，切断电动机的搭铁线。

4）间歇挡位，即Ⅲ挡，如图 6.1.7 所示。

当刮水器处在 0 挡时，刮水电动机电枢被电刷 B_3 与 B_1、继电器的动断触点和自动停位开关短路，电动机不工作。此时，若接通间歇开关，则 VT_1 导通，VT_2 截止，K 通电使动触点闭合，刮水器以低速运转。当 C_1 充电到一定值后，VT_2 导通，VT_1 迅速截止，K 断电，动触点闭合，电动刮水器自动停位后停止工作。当 C_2 充电到 VT_1 导通电压时，VT_1 导通，VT_2 截止，K 动作，动触点闭合，重复上述动作。

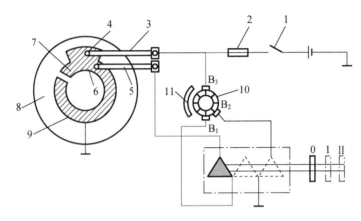

图 6.1.6 自动回位电路图

1—电源开关；2—保险丝；3、5—触点臂；4、6—触点；7、9—铜环；8—蜗轮；10—电枢；11—永久磁铁

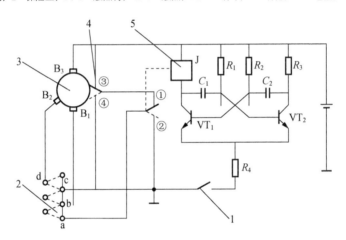

图 6.1.7 电子间歇刮水继电器

1—间歇刮水开关；2—刮水器开关；3—刮水电动机；4—自停开关；5—继电器

知识2 风窗洗涤器

1. 风窗洗涤器的作用

汽车行驶时，风窗玻璃上常附着灰尘、沙粒等，若不冲洗就直接使用风窗刮水器，会使风窗刮水器片损伤，并易使风窗玻璃刮伤；同时风窗玻璃太干燥时，也会使风窗刮水器片受到过大的阻力，易使风窗刮水器电动机烧坏。故使用风窗刮水器前，先使用风窗洗涤器向风窗玻璃喷水，洗净玻璃上的灰尘、沙粒等，减少风窗刮水器片的阻力。

2. 风窗洗涤器的组成

目前，汽车使用的风窗洗涤器均为电动式，其结构包括储水箱、水泵、软管及喷嘴等部分，水泵装在储水箱上，如图 6.1.8 所示。

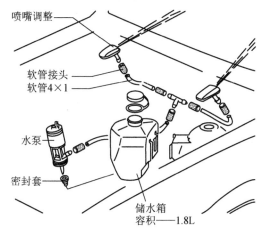

图 6.1.8　风窗洗涤器的组成

1—喷嘴；2—软管接头；3—软管；4—储水箱；5—密封套；6—水泵

3. 风窗洗涤器的工作原理

当点火开关和喷水开关都闭合时，风窗清洗器喷水电动机接通开始转动，并带动与其同轴的水泵旋转，将储水箱中的清洗液加压后通过水管由喷嘴喷出，其工作原理如图 6.1.9 所示。

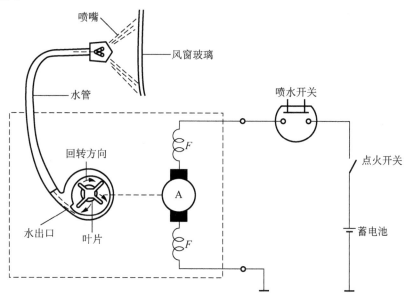

图 6.1.9　风窗洗涤器的工作原理

◀◀◀◀ **实 训** 🔍

> **实训** 电动刮水器与风窗洗涤器的拆装与检测

实训准备

工作场景：理实一体化教室。

设备器材：桑塔纳轿车、14mm 套筒、棘轮扳手、10mm 套筒、接杆、扭力扳手、19mm 套筒及其他常用工具、熔断器夹、数字万用表、一字旋具（缠有保护胶带）。

技术要求：1）在拆装过程中先关闭电源。

2）按维修手册规定的标准进行电动刮水器与风窗洗涤器的拆装及检测。

实训操作

1. **电动刮水器的拆装**

（1）刮水器摇臂的拆卸

01 为了在安装时调整刮水器摇臂到极限位置，拆卸前要保证刮水电动机处于起始位置。

02 用一字旋具撬开刮水器摇臂轴的罩盖，如图 6.1.10 所示。

03 将图中箭头所示的六角螺母旋松，但不完全旋出。摇动刮水器摇臂，直到松动为止。接下来旋出六角螺母，取下刮水器摇臂，如图 6.1.11 所示。

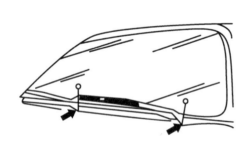

图 6.1.10　撬开刮水器摇臂轴罩盖

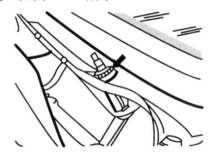

图 6.1.11　旋出六角螺母

（2）刮水电动机及框架的拆卸

拔出图中上方箭头所示刮水电动机线束插头，再将下方箭头所示的螺栓旋出，取下刮水电动机及框架，如图 6.1.12 所示。

（3）刮水片的拆卸

按住解除锁止按钮后，将刮水片向刮水器摇臂端拔出即可。不同的刮水片卡口方式也不同，拆卸的时候要注意方法，如图 6.1.13 所示。

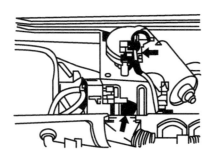

图 6.1.12 拆卸刮水电动机及框架

图 6.1.13 刮水片的拆卸

2. 电动刮水器的故障检测

电动刮水器故障分析见表 6.1.1。

表 6.1.1 电动刮水器故障分析

故障现象	故障原因	排除方法
玻璃上留有水的痕迹	刮水器橡皮条脏污	用硬质尼龙和洗涤剂溶液或酒精刷洗刮水器橡皮条
	橡皮条因边缘磨损而断裂或磨坏	调换新的橡皮条
	橡皮条老化、表面扯破	调换新的橡皮条
刮水后仍留有积水	风窗玻璃沾有油漆、抛光剂、机油和柴油	用干净的抹布蘸上硅酮去油剂擦拭风窗玻璃
刮水片一侧正常，另一侧"嘎嘎"作响	有一面刮水橡皮条变形，不能再工作	装上新的刮水片橡皮条
	刮水杆扭曲，刮水片斜着卡在风窗玻璃上	小心地把刮水杆扭转到垂直位置
部分表面刮不到	刮水橡皮条从卡槽中脱落	把刮水皮塞进卡槽
	刮水片在风窗玻璃上接触不均匀，弹簧条或钢片弯曲	调换刮水片。这种故障主要是刮水片安装不当引起的
	刮水杆在风窗玻璃上的贴合压力太小	对刮水杆的接头和弹簧条稍加一点油或调换刮水杆

3. 风窗洗涤器的检测

风窗洗涤器故障分析见表 6.1.2。

表 6.1.2　风窗洗涤器故障分析

故障现象	故障原因	排除办法
全部喷嘴或个别喷嘴不工作	1）清洗电动机或开关损坏。 2）线路断路。 3）液面过低或连接线脱落。 4）喷嘴堵塞	1）若所有喷嘴不工作，先检查液面和连接管是否正常，然后检查电动机搭铁线和电源线有无断路、松脱，开关和电动机是否正常。 2）若个别喷嘴不工作，一般是喷嘴堵塞所致

考核评价

操作完毕后，结合表 6.1.3 对本次实训过程及结果进行客观的评价，包括学生自评、小组互评和教师总体评价。评分完成后，学生可填写学习体会，包括本次实训的完成情况、完成效果、收获体会和改进措施等。

表 6.1.3　考核评价表

序号	测评内容	分值	评分标准	自评	互评	师评
1	能够独立完成刮水器摇臂的拆卸	10 分	操作正确即得分，操作错误或未进行操作即 0 分			
2	能够独立完成刮水片的拆卸	20 分	操作正确即得分，操作错误或未进行操作即 0 分			
3	能够独立完成刮水电动机及框架的拆卸	20 分	操作正确即得分，操作错误或未进行操作即 0 分			
4	能够进行电动刮水器的检测	25 分	操作正确即得分，操作错误或未进行操作即 0 分			
5	能够进行风窗洗涤器的检测	25 分	操作正确即得分，操作错误或未进行操作即 0 分			

综合得分：　　　　　　　　　　　　教师签字：

学习体会：

◀◀◀◀◀◀ 课 堂 练 习 ▶▶▶▶▶

一、判断题

1. 刮水器电动机大多采用永磁式结构。　　　　　　　　　　　　　　（　　）
2. 用 3 个电刷改变正、负电刷之间串联的电枢线圈个数来实现变速。　（　　）
3. 刮水器的橡胶刮片应该每两年更换一次。　　　　　　　　　　　　（　　）
4. 洗涤泵连续工作时间应不超过 1min。　　　　　　　　　　　　　　（　　）

二、单选题

1. 以下关于电动刮水器，（　　）说法是错误的。
  A．电动刮水器具有变速、自动复位、间歇刮水等功能
  B．电动刮水器的电动机一般有永磁式和励磁式两种
  C．永磁式风窗刮水电动机的磁极用励磁绕组制成
  D．永磁式电动机是通过改变正负电刷之间串联的线圈数，来实现变速的
2. 电动刮水器的间歇功能主要靠（　　）来实现。
  A．刮水器开关　　　　　　　　　　B．刮水电动机
  C．间歇刮水继电器　　　　　　　　D．洗涤器开关

任务 6.2　电动车窗的检修

◎ **任务目标**

1. 了解电动车窗的组成和功用。
2. 掌握电动车窗的工作过程。
3. 能够正确使用工具对电动车窗进行拆装和检修。

◀◀◀ 知 识 📖

知识 1　电动车窗的功用

电动车窗是指以电为动力使门窗玻璃自动升降的门窗，如图 6.2.1 所示。它是由驾驶员或乘员操纵开关接通门窗升降电动机的电路，电动机产生动力通过一系列的机械传动，使门窗玻璃按要求进行升降。其优点是操作简便，有利于行车安全。

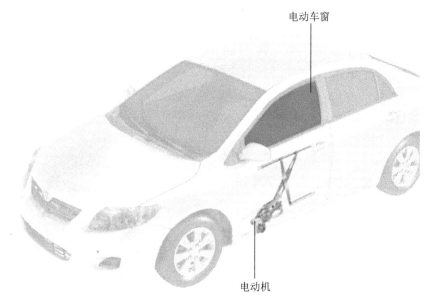

图 6.2.1　电动车窗

知识2　电动车窗的组成

电动车窗主要由车窗玻璃、车窗玻璃升降器、电动机（双向）和控制开关组成。

1. 电动机

电动车窗的电动机是双向的，有永磁式，也有双绕组串联式。每个车门各有一个电动机，通过开关控制电动机中的电流方向，即电枢的旋转方向随电流的方向改变而改变，使电动机按不同的电流方向进行正转或反转，从而控制玻璃的升降。

2. 控制开关

电动车窗的控制开关主要有车窗总开关（主开关）、车窗分开关等，如图 6.2.2 所示。总开关控制整个电动车窗系统。每个车窗的电动机都要通过总开关搭铁，断开总开关上的锁止开关，分开关就不起作用。分开关安装在每个车门上，控制各自车窗玻璃，在车窗锁止开关锁止时，分开关不起作用。

图 6.2.2　控制开关

3. 车窗玻璃升降器

电动车窗升降机构有交叉臂式、绳轮式和软轴式等几种，其中交叉臂式（图 6.2.3）和绳轮式（图 6.2.4）电动车窗升降机构使用较为广泛。

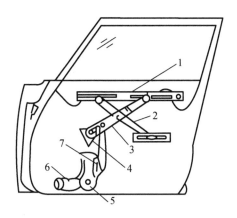

图 6.2.3　交叉臂式玻璃升降器

1—玻璃安装槽；2—从动臂；3—主动臂；4—托架；5—平衡弹簧；6—电动机；7—扇形齿轮

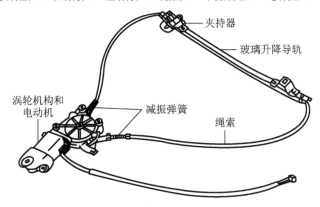

图 6.2.4　绳轮式玻璃升降器

知识 3　电动车窗的工作过程

上升过程：按下电动开关按钮，电动机通电并带动齿轮转动，齿轮带动主动臂工作，主动臂带动从动臂上升，从动臂与支承车窗底部的杆相连，从动臂的末端沿导轨滑动。

下降过程：按下电动开关按钮，电动机通电并带动齿轮转动，齿轮带动主动臂工作，主动臂带动从动臂下降，从动臂的末端沿导轨滑动。

知识 4　电动车窗的控制电路

在了解电动车窗基本知识后，我们进一步认识其控制电路。如图 6.2.5 所示为电动车窗的控制电路。

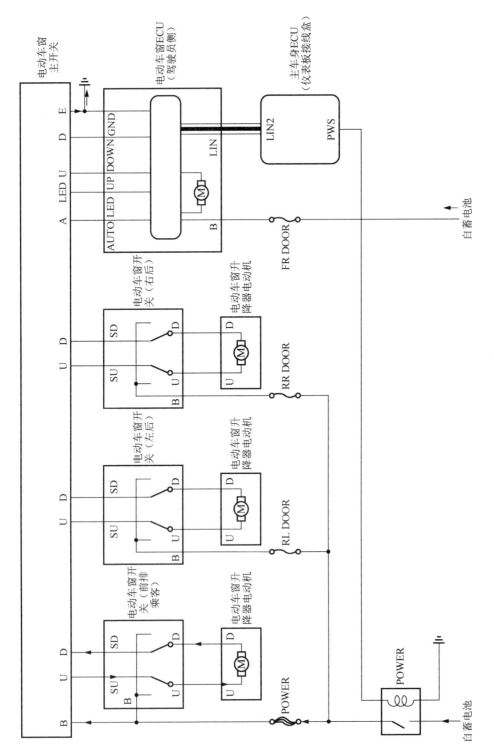

图 6.2.5　电动车窗控制电路

当把自动按钮推向车辆前进方向时（以前排乘客车窗控制为例），此时触点 U 与 SU 相连接，电动机按 SU 方向通过电流，车窗玻璃上升；与此同时，控制电路电流为蓄电池（＋）→点火开关（POWER）→触点 B→触点 U→电动机→触点 D→SD→搭铁→蓄电池（－）。此电流产生较大的电磁吸引力，吸引驱动器开关的柱塞，于是把止板向上顶压，越过止板凸缘的滑销与原来的位置被锁定，这时即使把手离开自动旋钮，开关仍保持原来的状态。

◀◀◀ **实　训**

实训　**电动车窗的拆装与检测**

实训准备

工作场景：理实一体化教室。

设备器材：桑塔纳轿车、钣金拆装工具、组合工具、扭力扳手、标记笔。

技术要求：按照汽车车身电器维修标准，在规定时间内对电动车窗进行拆装和检修。

实训操作

1．拆卸电动机（前排乘客侧）

01 从蓄电池负极端子断开电缆。

02 拆卸前门内把手框：使用头部缠有保护胶带的螺钉旋具，脱开 3 个卡爪并拆下前门内把手框。

03 拆卸前扶手座上板：使用头部缠有保护胶带的螺钉旋具，脱开两个卡子和 6 个卡爪，拆下前扶手座上板，断开连接器。

04 拆卸电动车窗升降器主开关总成：使用头部缠有保护胶带的螺钉旋具，脱开两个卡爪，并拆下电动车窗升降器开关总成。

05 拆卸门控灯总成（带门控灯）：使用头部缠有保护胶带的螺钉旋具，脱开卡爪并拆下门控灯总成，断开连接器。

06 拆卸前门装饰板分总成：使用头部缠有保护胶带的螺钉旋具，脱开卡爪并断开车门扶手盖，拆下两个螺钉。使用卡子拆卸工具，脱开 9 个卡子。脱开 5 个卡爪并从前门玻璃内密封条上分开前门装饰板分总成。脱开两个卡爪，并断开前门内把手分总成。

07 拆卸前门内把手分总成：断开前门锁止遥控拉索和前门内侧锁止拉索，并拆下前门内把手分总成。

08 拆卸前门下门框支架装饰条：脱开卡子和卡夹，并拆下前门下门框支架装饰条，断开连接器。

09 拆卸前 2 号喇叭总成。

10 拆卸前门玻璃内密封条。

11 拆卸前 1 号喇叭总成，从前门板上拆下前门玻璃内密封条。

12 拆卸车门装饰板支架：拆下两个螺钉和车门装饰板支架。

13 拆卸前门检修孔盖：断开连接器，拆下前门检修孔盖。

小贴士

➢ 去除车门上的残留丁基胶带。

14 拆卸带盖的车外后视镜总成。

15 拆卸前门玻璃分总成：连接蓄电池负极端子，连接电动车窗升降器主开关总成，并移动前门玻璃分总成以便能看到车门玻璃螺栓。断开蓄电池负极端子和电动车窗升降器主开关总成，拆下两个螺栓，拆下前门玻璃分总成。

小贴士

➢ 拆下螺栓后，车门玻璃可能掉落，造成损坏。

➢ 不要损坏车门玻璃。

16 拆卸前门窗升降器分总成：断开连接器，松开临时螺栓，拆下 5 个螺栓。

将前门窗升降器分总成和前电动车窗升降器电动机总成作为一个单元拆下，从前门窗升降器分总成上拆下临时螺栓。

小贴士

➢ 不要拆下临时螺栓。如果拆下临时螺栓，前门窗升降器可能掉落，造成损坏。

17 拆卸前电动车窗升降器电动机总成。

2. 检测电动机（前排乘客侧）

根据表 6.2.1 所示，向电动机连接器施加蓄电池电压，观察电动机减速机构输出轴旋转情况。如图 6.2.6 所示，如果异常，需更换电动机。

表 6.2.1　电动车窗升降器电动机检查方法

测量条件	规定状态
蓄电池（＋）接端子 2 蓄电池（－）接端子 1	电动机齿轮顺时针旋转
蓄电池（＋）接端子 1 蓄电池（－）接端子 2	电动机齿轮逆时针旋转

没有线束连接的零部件：
（电动车窗升降器电动机（乘客侧）

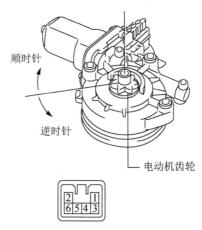

顺时针

逆时针

电动机齿轮

图 6.2.6　电动车窗升降器电动机

> **小贴士**
>
> ➤ 不要对除端子 1 和 2 外的任何端子施加蓄电池电压。

3. 安装电动机

01 安装前电动车窗升降器电动机总成。

> **小贴士**
>
> ➤ 安装电动车窗升降器电动机时，升降器臂必须低于中间位置。
> ➤ 当自攻螺钉插入时，新的前门窗升降器使用自攻螺钉钻出新的安装孔。

02 安装前门窗升降器分总成：将通用润滑脂涂抹在前门窗升降器分总成的滑动部分上，并将临时螺栓安装到前门窗升降器分总成上。临时安装前门窗升降器分总成，紧固临时螺栓和 5 个螺栓以安装前门窗升降器分总成，连接连接器。

03 安装前门玻璃分总成：沿着前门玻璃升降槽将前门玻璃分总成插入前门板内，用两个螺栓安装前门玻璃分总成。

04 安装带盖的车外后视镜总成。

05 安装前门检修孔盖：将丁基胶带粘贴在前车门板上，将前门锁止遥控拉索和后门内侧锁止拉索穿过一个新的前门检修孔盖，使用前门板上的参考点连接前门检修孔盖，连接连接器。

> **小贴士**
>
> ➤ 牢固安装前门检修孔盖，避免出现褶皱和气泡。

06 安装车门装饰板支架。

07 安装前 1 号喇叭总成。

08 安装前门玻璃内密封条。

09 安装前 2 号喇叭总成。

10 安装前门下门框支架装饰条：连接连接器，接合卡子和卡夹，并安装前门下门框支架装饰条。

11 安装前门内把手分总成：将前门锁止遥控拉索和前门内侧锁止拉索连接到前门内把手分总成上，接合两个卡爪，并安装前门内把手分总成。

12 安装前门装饰板分总成：用前门玻璃内密封条上的 5 个卡爪接合前门装饰板，接合 9 个卡子，将前门装饰板安装到前门板上。安装两个螺钉，接合卡爪，连接车门扶手盖。

13 安装门控灯总成（带门控灯）：连接连接器，接合卡爪，安装门控灯总成。

14 安装电动车窗升降器主开关总成。

15 安装前扶手座上板：连接连接器，接合两个卡子和 6 个卡爪，安装前扶手座上板。

16 安装前门内把手框。

17 将电缆连接到蓄电池负极端子。

> **小贴士**
>
> ➤ 当断开蓄电池电缆后重新连接时，某些系统需要初始化。

考核评价

操作完毕后，结合表 6.2.2 对本次实训过程及结果进行客观的评价，包括学生自评、小组互评和教师总体评价。评分完成后，学生可填写学习体会，包括本次实训的完成情况、完成效果、收获体会和改进措施等。

表 6.2.2　考核评价表

序号	测评内容	分值	评分标准	自评	互评	师评
1	拆卸电动车窗开关	10 分	操作正确即得分，操作错误或未进行操作即 0 分			
2	拆卸电动车窗升降器主开关总成	15 分	操作正确即得分，操作错误或未进行操作即 0 分			
3	拆卸前门装饰板分总成	10 分	操作正确即得分，操作错误或未进行操作即 0 分			

续表

序号	测评内容	分值	评分标准	自评	互评	师评
4	拆卸前电动车窗升降器电动机总成	15 分	操作正确即得分,操作错误或未进行操作即 0 分			
5	检测电动机	15 分	操作正确即得分,操作错误或未进行操作即 0 分			
6	安装前电动车窗升降器电动机总成	15 分	操作正确即得分,操作错误或未进行操作即 0 分			
7	安装前门装饰板分总成	10 分	操作正确即得分,操作错误或未进行操作即 0 分			
8	安装电动车窗升降器主开关总成	10 分	操作正确即得分,操作错误或未进行操作即 0 分			
综合得分:			教师签字:			

学习体会:

课 堂 练 习

一、判断题

1. 电动车窗升降器常见的类型有绳轮式和交叉臂式。　　　　　　　　　　(　　　)
2. 电动车窗的车窗锁止开关锁止时,分开关不起作用。　　　　　　　　　(　　　)

二、单选题

1. 以下关于电动车窗,说法错误的是(　　　)。
   A. 车窗玻璃、车窗玻璃升降器、电动机(双向)和控制开关组成
   B. 系统一般装有两套控制开关,主开关可控制每个车窗的升降
   C. 主开关上的断路开关断开时,分开关仍保持电路的畅通
   D. 主开关上的断路开关断开时,分开关将不能控制电动机电路
2. 如果在开启车窗时,某个车窗不能升降,可能是(　　　)。
   A. 熔断器断路　　　　　　　　B. 电源电压过低
   C. 电源开关故障　　　　　　　D. 电动机损坏

任务 6.3 电动座椅的检修

◎ 任务目标

1. 了解电动座椅的作用及工作原理。
2. 能够对电动座椅进行故障分析与排除。

▶▶▶ 知 识 📖

知识 1 电动座椅的组成

为了提高汽车乘坐的舒适性，现代轿车都安装有电动座椅。通过对汽车座椅的前后、靠背的角度及头枕的高度等作电动调节，从而使驾驶员和乘客的座椅获得理想的位置。

电动座椅一般由双向电动机、传动装置和控制电路等组成。按座椅电动机的数目和调节方向数目的不同分为两向、四向、六向、八向和多向可调等。电动座椅的组成如图 6.3.1 所示。

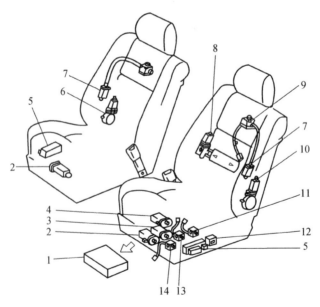

图 6.3.1　电动座椅的组成

1—电动座椅 ECU；2—滑动电动机；3—前垂直电动机；4—后垂直电动机；5—电动座椅开关；6—倾斜电动机；
7—头枕电动机；8—腰垫电动机；9—位置传感器（头枕）；10—倾斜电动机和位置传感器；11—位置传感器（后垂直）；
12—腰垫开关；13—位置传感器（前垂直）；14—位置传感器（滑动）

知识2 电动座椅的工作原理

电动座椅利用调整开关可控制电流流经电动机的方向，从而控制座椅的运动。座椅中共有4个电动机，分别进行座椅前部上、下，后部上、下，靠背向前、向后，座椅向前、向后的调节。电动座椅控制电路如图6.3.2所示。

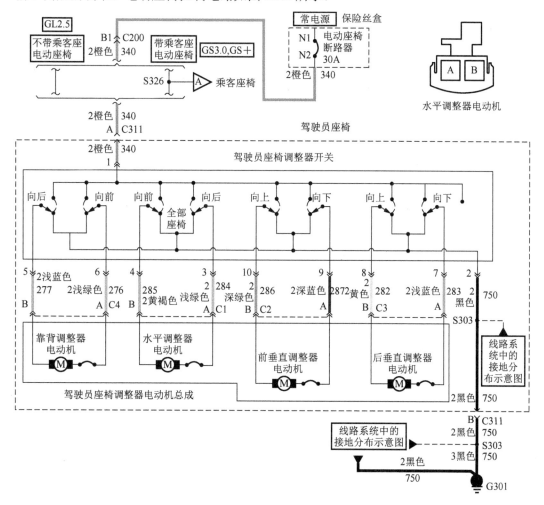

图6.3.2 电动座椅控制电路

1. 座椅向前调节

当按下座椅向前按钮时，驾驶员座椅调整器开关的1脚与4脚接通、3脚与2脚接通。常电源→保险丝盒内30A电动座椅断路器N1-N2→驾驶员座椅调整器开关的1脚→驾驶员座椅调整器开关的4脚→驾驶员座椅调整器电动机总成C1-B脚→水平调整器电动机→驾驶员座椅调整器电动机总成C1-A脚→驾驶员座椅调整器开关的3脚→驾驶员座椅调整器开关的 2 脚→G301 接地，此时座椅向前移动。

2. 座椅向后调节

当按下座椅向后按钮时，驾驶员座椅调整器开关的 1 脚与 3 脚接通、4 脚与 2 脚接通。常电源→保险丝盒内 30A 电动座椅断路器 N1-N2→驾驶员座椅调整器开关的 1 脚→驾驶员座椅调整器开关的 3 脚→驾驶员座椅调整器电动机总成 C1-A 脚→水平调整器电动机→驾驶员座椅调整器电动机总成 C1-B 脚→驾驶员座椅调整器开关的 4 脚→驾驶员座椅调整器开关的 2 脚→G301 接地，此时座椅向后移动。

 **◀◀◀ 实 训**

实训 电动座椅的故障分析与排除

实训准备

工作场景：理实一体化教室。

设备器材：桑塔纳轿车、常用工具一套。

技术要求：按照工艺标准，在规定时间内对电动座椅进行故障分析与排除。

实训操作

电动座椅故障分析与排除方法见表 6.3.1。

表 6.3.1　电动座椅故障分析

故障现象	故障可能的原因	排除办法
座椅完全不能调节	熔断器熔断	检查熔断器是否熔断
	线路及其插接件松动	检查线路及其插接件是否松动
	座椅开关故障	检查座椅开关是否故障
	电源电路及其搭铁线路故障	检查电源电路及其搭铁线路是否故障
座椅某个方向不能调节	该方向对应的电动机损坏	检查该方向对应的电动机是否损坏
	座椅开关损坏	检查座椅开关是否损坏
	该方向对应线路故障	检查该方向对应线路是否断路或短路

考核评价

操作完毕后，结合表 6.3.2 对本次实训过程及结果进行客观的评价，包括学生自评、小组互评和教师总体评价。评分完成后，学生可填写学习体会，包括本次实训的完成情况、完成效果、收获体会和改进措施等。

表 6.3.2　考核评价表

序号	考核项目	分值	评分标准	自评	互评	师评
1	工量具的选择及正确使用	15 分	1）不能正确选择工量具，每次扣 3 分。 2）不能正确使用工量具，每次扣 3 分			
2	安全检查	5 分	发动机起动前不检查机油液位、冷却液液位，每项扣 3 分			
3	故障现象确认	5 分	1）不能进行故障确认，扣 5 分。 2）确认方法不正确，扣 3 分			
4	维修手册使用	5 分	1）不会查阅维修手册，扣 5 分。 2）检查步骤不正确，扣 3 分			
5	诊断过程	30 分	1）诊断思路不正确，视情况扣 5～15 分。 2）检测方法不正确，每次扣 5 分。 3）不能判断检测结果，每次扣 5 分。 4）部件及总成拆装不熟练，扣 2～5 分。 5）造成元件损坏，扣 20 分			
6	故障部位确认和排除	15 分	1）不能确定故障位置，扣 15 分。 2）不能排除故障，扣 8 分。 3）不能进行故障修复后的检验，扣 5 分			
7	维修记录	5 分	维修记录的填写不规范、不详细，扣 1～3 分			
8	安全文明生产	20 分	1）不穿工作服扣 1 分，不穿工作鞋扣 1 分，不戴工作帽扣 1 分。 2）不安装翼子板布扣 1 分，不安装防护套扣 1 分。 3）工具与零件混放或凌乱，每次每处扣 1 分。 4）发动机不接尾气排放管，每次扣 1 分。 5）不放置三角木，扣 1 分。 6）工具或零件随意摆放在地上，每次扣 1 分。 7）垃圾未分类回收，每次扣 1 分。 8）竣工后未清理工量具，每件扣 1 分。 9）竣工后未清理工作场地，扣 2 分。 10）不服从考官、出言不逊，每次扣 5 分			
综合得分：			教师签字：			

学习体会：

一、判断题

1．电动座椅一般由双向电动机、传动装置和控制电路等组成。　　　　（　　）

2．按座椅电动机的数目和调节方向数目的不同可分为两向、四向、六向、八向和多向可调等。　　　　（　　）

二、单选题

1．四向移动的座椅，一般有（　　）个电动机。

　　A．2　　　　　　　B．4　　　　　　　C．6　　　　　　　D．8

2．以下（　　）可能导致电动座椅某个方向不动作的故障。

　　A．熔断器烧断　　　　　　　　B．电源线路断路

　　C．该方向座椅开关损坏　　　　D．电源电压低

任务6.4 电动后视镜的检修

◎ **任务目标**

1．了解电动后视镜的组成。

2．掌握电动后视镜的工作原理。

3．能够对电动后视镜进行检修。

◀◀◀ 知　识 📖

知识1 电动后视镜的组成

电动后视镜主要由永磁式电动机、传动机构和控制开关等组成，如图 6.4.1 所示。每个后视镜都有两套驱动装置，由电动后视镜开关进行操纵（图 6.4.2），其中一个电动机和传动机构用于后视镜水平方向的转动，另一个电动机和传动机构则用于后视镜垂直方向的转动。

有的汽车的电动后视镜还带有可伸缩功能，由后视镜伸缩开关控制电动机工作，驱动伸缩传动装置带动后视镜收回和伸出。

有的汽车的后视镜控制电路具有存储功能，它由驱动位置存储器、座椅调节记忆开

关总成和位置传感器等组成。上述操作功能的数据可自动存储在存储器中，如果需要，可直接将存储器中存储的数据调出使用。

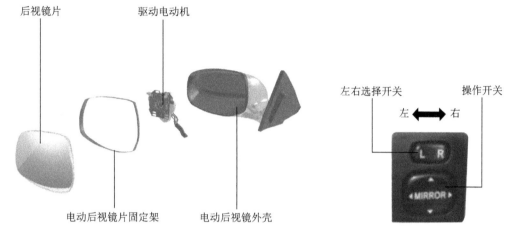

图 6.4.1　电动后视镜的组成

图 6.4.2　电动后视镜开关

知识2　电动后视镜的工作原理

　　调节电动后视镜，需要先用选择开关选择需要调节的电动后视镜（左或右），再通过调节开关控制电动机使后视镜上、下和左、右转动，然后通过电动后视镜背后的两套电动机和驱动器，操纵后视镜片上下及左右转动。通常上下方向的转动用一个电动机控制，左右方向的转动由另一个电动机控制。通过改变电动机的电流方向，即可完成后视镜的上下左右调整，调节角度一般为 20°～30°。电动后视镜的工作示意图如图 6.4.3 所示。

图 6.4.3　电动后视镜工作示意图

　　下面以左侧后视镜的向上调节为例分析其工作原理，如图 6.4.4 所示。

　　打开点火开关后，通过选择开关选择左侧后视镜，再通过操作开关选择向上调节，此时开关端子 4～8 接通，开关端子 6～7 接通，电流的路径如图 6.4.4 箭头所示：蓄电池（＋）→保险丝（ACC）→开关端子 8→开关端子 4→左侧电动机 MV→中间插接器→开关端子 6→开关端子 7→E1（搭铁）→电源（一）。这样，左侧电动机 MV 通电产生转矩后，从而带动左侧后视镜向上调节。

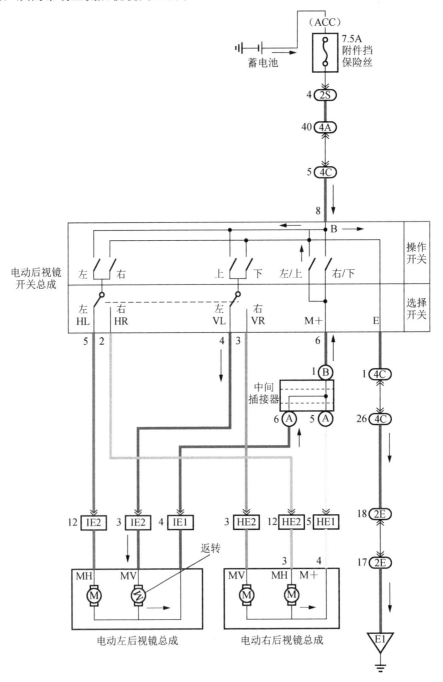

图 6.4.4　电动后视镜工作电路图

实训

实训　电动后视镜的故障诊断与排除

实训准备

工作场景：理实一体化教室。

设备器材：桑塔纳轿车、常用工具一套。

技术要求：按照工艺标准，对电动后视镜进行故障诊断与排除。

实训操作

汽车电动后视镜的不工作故障与排除。

故障现象：电动后视镜不工作。

故障诊断：根据上述故障现象，首先检查保险丝，完好。接着便对位于变速杆后方中央通道上的电动后视镜开关进行检查，将开关取下并拔掉其线束插接器，打开点火开关，然后用一个试灯一端接地，另一端逐次地对插接器各端子进行短接试验，发现当触及蓝色的导线端子时，试灯点亮。于是，将试灯的这一端子不动，用接地的一端逐次地接触各端子，以确定其供电是否正常，当接触到一个黑色地线端子时试灯发亮，从而说明该系统的电源正常。

为了确定电路中是否有断路现象，采用两根导线进行跨接：一根跨接线束插接器的绿/红导线端子与黑色导线端子；另一根跨接黄/白与蓝色导线端子。在进行试跨接时发现，左后视镜开始动作。该现象说明电路正常，故障可能在后视镜开关。

故障排除：将后视镜开关轻轻撬开，发现里面的印制电路板上锈迹斑斑，将其清洁后仔细地检查，发现有一段印制电路已经锈蚀。将锈蚀处进行焊接，装复后试车，故障排除。

考核评价

操作完毕后，结合表 6.4.1 对本次实训过程及结果进行客观的评价，包括学生自评、小组互评和教师总体评价。评分完成后，学生可填写学习体会，包括本次实训的完成情况、完成效果、收获体会和改进措施等。

表 6.4.1　考核评价表

序号	考核项目	分值	评分标准	自评	互评	师评
1	工量具的选择及正确使用	15 分	1）不能正确选择工量具，每次扣 3 分。 2）不能正确使用工量具，每次扣 3 分			
2	安全检查	5 分	发动机起动前不检查机油液位、冷却液液位，每项扣 3 分			

续表

序号	考核项目	分值	评分标准	自评	互评	师评
3	故障现象确认	5分	1）不能进行故障确认，扣5分。 2）确认方法不正确扣3分			
4	维修手册使用	5分	1）不会查阅维修手册，扣5分。 2）检查步骤不正确，扣3分			
5	诊断过程	30分	1）诊断思路不正确，视情况扣5～15分。 2）检测方法不正确，每次扣5分。 3）不能判断检测结果，每次扣5分。 4）部件及总成拆装不熟练，扣2～5分。 5）造成元件损坏扣20分			
6	故障部位确认和排除	15分	1）不能确定故障位置，扣15分。 2）不能排除故障，扣8分。 3）不能进行故障修复后的检验，扣5分			
7	维修记录	5分	维修记录的填写不规范、不详细，扣1～3分			
8	安全文明生产	20分	1）不穿工作服扣1分，不穿工作鞋扣1分，不戴工作帽扣1分。 2）不安装翼子板布扣1分，不安装防护套扣1分。 3）工具与零件混放或凌乱，每次每处扣1分。 4）发动机不接尾气排放管，每次扣1分。 5）不放置三角木，扣1分。 6）工具或零件随意摆放在地上，每次扣1分。 7）垃圾未分类回收，每次扣1分。 8）竣工后未清理工量具，每件扣1分。 9）竣工后未清理工作场地，扣2分。 10）不服从考官、出言不逊，每次扣5分			

综合得分：	教师签字：

学习体会：

课堂练习

一、判断题

1．电动后视镜主要由永磁式电动机、传动机构和控制开关等组成。 （　　　）

2．电动后视镜只要一个电动机和传动机构用于后视镜水平方向和垂直方向的转动。
（　　　）

二、单选题

1. 电动后视镜一般有（　　）个电动机。
　　A．2　　　　　　　　B．3　　　　　　　　C．4　　　　　　　　D．6
2. 以下（　　）可能导致左侧后视镜不动作的故障。
　　A．熔丝烧断　　　　　　　　　　　　B．点火开关故障
　　C．左侧后视镜电动机损坏　　　　　　D．电源电压低

任务 6.5 中控门锁的检修

◎ 任务目标

1. 了解中控门锁的组成。
2. 掌握门锁控制器及中控门锁的工作原理。
3. 能够对汽车中控门锁进行检修。

◀◀◀◀ 知 识

知识 1　中控门锁的分类

随着对汽车安全性、可靠性和方便性要求的不断提高，现在一些中高档轿车都配置了中央控制门锁。

中控门锁主要有传统式和微机式两种。微机式又分为普通型和遥控型。

传统式中控门锁通过门锁继电器操纵电动机或电磁铁从而控制门锁的开、关，也称为电动门锁。

微机式中控门锁是在电动门锁的基础上采用计算机控制技术发展而来的，能够区分正常打开车门与非法打开车门。中央控制门锁系统是由微机根据各个开关信号控制门锁的开、闭，可使驾驶员更加方便安全地使用汽车。门锁系统的控制单元与防盗系统的控制单元通过信号线（总线）连接起来（或两个系统共用一个控制单元），以交换信号。

知识 2　中控门锁的组成

1. 传统中控门锁的组成

传统的中控门锁是指电动门锁，其开闭由门锁开关通过门锁继电器控制。传统中控门锁组成如图6.5.1所示。

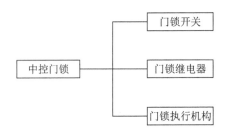

图 6.5.1　传统中控门锁的组成

2. 微机式中控门锁系统的组成

微机式中控门锁系统是由微机根据各个开关信号控制门锁的开闭，而且常常和汽车的防盗系统结合在一起。

1）普通中控门锁控制系统。该系统主要由防盗和门锁控制 ECU、钥匙操纵开关、门锁开关、门锁控制开关、门锁电动机、位置开关及行李箱门开启器开关等组成，如图 6.5.2 所示。

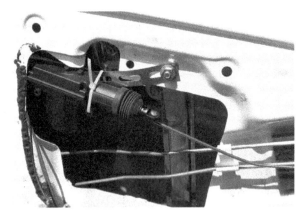

图 6.5.2　普通中控门锁

钥匙操纵开关、门锁开关和门锁控制开关用于向防盗和门锁控制 ECU 输送锁定（锁住车门）或未锁（打开车门）信号。防盗和门锁控制 ECU 据此向门锁电动机输出锁定（锁住车门）或未锁（打开车门）指令，指挥门锁电动机动作，完成锁住车门或打开车门动作。

2）无线遥控中控门锁控制系统。无线遥控系统由手持遥控发射器、接收电路、ECU 和执行器驱动电路等 4 个功能部件组成。该系统的车门除了手动机械开启方式外，还可利用遥控器发出的无线电信号来控制车门的开闭。汽车无线遥控中控门锁控制系统如图 6.5.3 所示。

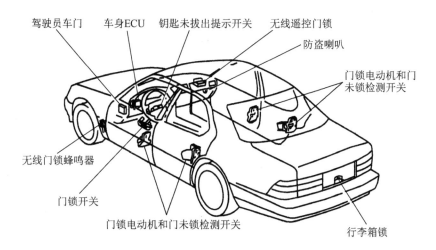

图 6.5.3　汽车无线遥控中控门锁控制系统

知识 3　遥控车门系统的工作原理

　　从发射器发出的红外线或电磁信号，被接受并输送到门锁遥控控制组件中。门锁遥控组件对接收器接收到的信号进行比较、判别，若为正确代码，则通过其内部的输出电路将开门或锁门信号交替输入自动车门锁控制组件中，通过门锁电动机或电磁铁来完成车门的打开或锁止动作。若连续输入经过门锁遥控组件判别为不正确代码，门锁遥控组件会通过其内部的限时锁定电路在一定时间内停止输入。这样，可使车主离汽车一定距离时，便可以打开或锁上所有车门锁。无线遥控车门如图 6.5.4 所示。

　　在按下遥控器上的解锁键时，它会发射出来夹带有防盗密码的无线电信号，如果接收器识别防盗密码并确定与该车防盗密码匹配，则系统可认定此次开锁为合法。

图 6.5.4　无线遥控车门

◀◀◀ 实 训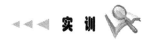

实训　汽车中控门锁的检修

实训准备

工作场景：理实一体化教室。

设备器材：桑塔纳轿车、常用工具一套。

技术要求：按照工艺标准，在规定时间内对中控门锁进行检修。

实训操作

中控门锁的检修。

中控门锁的故障及其排除方法见表 6.5.1。

表 6.5.1　中控门锁故障分析

故 障 现 象	故障可能原因	排 除 办 法
一个门锁不工作	门闩或连杆故障	将润滑剂注入开启的门闩反复手动操作 10 次，检查弹簧及所有的连杆周围有无干涉
	电路断路或短路	检查执行器连接器、操纵开关各挡位上的电压，按要求维修电路
	执行器故障	检查执行器，按要求更换
所有的门锁都不工作	电路断电器故障	检查电路断电器，按要求更换
	电路断路或短路	检查电路断电器与门锁开关之间的导线和连接点，按要求更换
	继电器没有搭铁	检查继电器和支架连接铆钉，按要求紧固
	开关故障	检测开关，按要求更换
	搭铁电路断路	检查左侧开关的搭铁线，按要求维修
所有门锁只以一种方式工作	电路断路或短路	检查继电器与门锁开关之间的导线和连接点，按要求更换
	继电器故障	检查继电器，按要求更换
	搭铁电路断路	检查左侧开关的搭铁线，按要求维修
个别门锁只以一种方式工作	电路断路或短路	检查电路断电器与不工作开关之间的导线和连接器，按要求更换
	开关故障	检测开关，按要求更换
门锁间歇性工作	连接点松动	检查插接器，按要求紧固
	继电器搭铁不良	检查继电器和支架连接铆钉，按要求紧固
	左侧开关搭铁不良	检查左侧开关的搭铁线，按要求维修
	开关故障	检测开关，按要求更换
门锁只在发动机运转时工作	蓄电池电压低	检测蓄电池，按要求更换
	连接点松动或被腐蚀	检查导线和连接点，按要求维修
在冰冻天气时门锁不工作	门闩或连杆障碍	将润滑剂注入开启的门闩，反复手动操作 10 次，检查弹簧及所有的连杆周围有无干涉
	门闩或连杆冻住	把车驶入采暖车库，让门锁的冰雪融化后，再验证所有的门锁是否工作

考核评价

操作完毕后，结合表 6.5.2 对本次实训过程及结果进行客观的评价，包括学生自评、

小组互评和教师总体评价。评分完成后，学生可填写学习体会，包括本次实训的完成情况、完成效果、收获体会和改进措施等。

表 6.5.2 考核评价表

序号	考核项目	分值	评分标准	自评	互评	师评
1	工量具的选择及正确使用	15 分	1）不能正确选择工量具，每次扣 3 分。 2）不能正确使用工量具，每次扣 3 分			
2	安全检查	5 分	发动机起动前不检查机油液位、冷却液液位，每项扣 3 分			
3	故障现象确认	5 分	1）不能进行故障确认，扣 5 分。 2）确认方法不正确扣 3 分			
4	维修手册使用	5 分	1）不会查阅维修手册，扣 5 分。 2）检查步骤不正确扣 3 分			
5	诊断过程	30 分	1）诊断思路不正确，视情况扣 5～15 分。 2）检测方法不正确，每次扣 5 分。 3）不能判断检测结果，每次扣 5 分。 4）部件及总成拆装不熟练，扣 2～5 分。 5）造成元件损坏扣 20 分			
6	故障部位的确认和排除	15 分	1）不能确定故障位置，扣 15 分。 2）不能排除故障，扣 8 分。 3）不能进行故障修复后的检验，扣 5 分			
7	维修记录	5 分	维修记录的填写不规范、不详细，扣 1～3 分			
8	安全文明生产	20 分	1）不穿工作服扣 1 分，不穿工作鞋扣 1 分，不戴工作帽扣 1 分。 2）不安装翼子板布扣 1 分，不安装防护套扣 1 分。 3）工具与零件混放或凌乱，每次每处扣 1 分。 4）发动机不接尾气排放管，每次扣 1 分。 5）不放置三角木，扣 1 分。 6）工具或零件随意摆放在地上，每次扣 1 分。 7）垃圾未分类回收，每次扣 1 分。 8）竣工后未清理工量具，每件扣 1 分。 9）竣工后未清理工作场地，扣 2 分。 10）不服从考官、出言不逊，每次扣 5 分			
综合得分：			教师签字：			

学习体会：

一、判断题

1. 为了使汽车的使用更加方便安全，现代轿车多数都安装了中控门锁控制系统。
（　　　）

2. 中控门锁主要有传统式和微机式两种。微机式又分为普通型和遥控型。
（　　　）

二、单选题

1. 中控门锁系统中的门锁控制开关用于控制所有门锁的开关，安装在（　　　）。
　　A. 驾驶员侧　　　　B. 每个车门上　　C. 门锁总成中　　　　D. 以上都不是

2. 无线遥控系统由手持遥控发射器、接收电路、（　　　）和执行器驱动电路等 4 个功能部件组成。
　　A. 继电器　　　　B. ECU　　　　C. 点火开关　　　　D. 保险丝

 **任务6.6 防盗系统的检修**

◎ **任务目标**

1. 了解汽车防盗系统的组成及原理。
2. 掌握桑塔纳轿车防盗系统的匹配。

 知识

知识 1　汽车防盗系统的分类

汽车防盗系统的分类如图 6.6.1 所示。

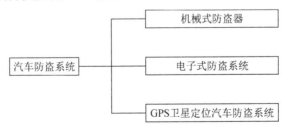

图 6.6.1　汽车防盗系统的分类

1. 机械式防盗器

机械式防盗器主要是指转向柱锁、转向盘锁、变速器手柄锁等。

（1）转向柱锁

转向柱锁由锁杆、凸轮轴、锁止器挡块、开锁杠杆、开锁按钮等组成。驾驶员从钥匙筒拔出钥匙后，转向柱就被锁住，使汽车无法驾驶。转向柱锁的结构如图 6.6.2 所示。

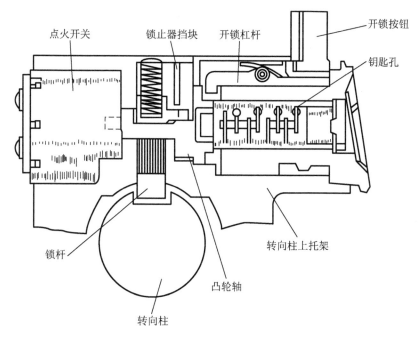

图 6.6.2   转向柱锁的结构

（2）转向盘锁

转向盘锁主要是把转向盘与制动踏板连接在一起，使转向盘不能做大角度转向及制动汽车。有些转向盘锁是在转向盘上装一根长铁棒，两个锁栓分别固定在转向盘的径向相对两端，锁杆的另一头插在车内任意地方固定以防止转动转向盘。汽车转抽盘锁如图 6.6.3 所示。

（3）变速器手柄锁

在变速手柄附近安装变速器手柄锁，将变速杆锁止，使变速器无法换挡。通常在停车后，把变速杆推到 P（驻车）或 N（空）挡位置，加上变速器手柄锁，可使汽车无法换挡。变速器手柄锁如图 6.6.4 所示。

图 6.6.3　汽车转向盘锁

图 6.6.4　　变速器手柄锁

2. 电子式防盗系统

电子式防盗系统是目前在汽车上应用最多和最广的防盗系统。当防盗系统启动之后，如果有非法移动车辆、开启车门、开户引擎盖、开户尾箱盖、接通点火线路等暴力情况时，防盗器立刻发出警报，让灯光闪烁，警笛大作，同时会切断发动机启动电路、点火电路、喷油电路、供油电路等，甚至切断自动变速器的电路，使车辆处于瘫痪的境地。

3. GPS 卫星定位汽车防盗系统

GPS 卫星定位汽车防盗系统将报警信息和报警车辆所在位置无声地传送到报警中心，具有车辆定位、遥控熄火、网络查询及跟踪、车内监听、路况信息查询、人工导航等多种功能，是全方位的防盗系统。

知识 2　电子防盗装置的组成

桑塔纳轿车电子防盗装置主要由防盗控制器、防盗识读线圈（收发线圈）、防盗器警告灯及带转发器的汽车钥匙等组成。防盗控制单元经过与发动机控制单元匹配后，介入发动机管理系统中。桑塔纳 2000GSI 电子防盗装置的组成如图 6.6.5 所示。

1. 带转发器的汽车钥匙

每一把钥匙中都有一只棒状转发器，这个长约 13.3mm、直径约 3.1mm 的玻璃壳体内含有运算芯片和一个细小的电磁线圈。在系统工作期间，它与收发线圈一起完成防盗控制器与转发器中运算芯片的信号及能量的传递工作。在点火开关打开后，受防盗控制器的驱动，收发线圈在它周围建立起电磁场；受该电磁场的激励，转发器中的电磁线圈就可以提供转发器中运算芯片工作所需能量，还可以提供时钟同步信号，并在运算芯片与防盗控制器之间传递各种信息。

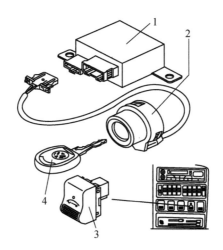

图 6.6.5　桑塔纳 2000GSI 电子防盗装置组成

1—防盗控制器（装于转向柱左边支架上）；2—收发线圈（在点火锁上）；
3—防盗器警告灯（在仪表板上）；4—带转发器的汽车钥匙

2. 收发线圈

收发线圈安装在点火锁芯上，通过一定长度的导线与防盗控制器相连。收发线圈作为防盗控制器的负载，担负防盗控制器与转发器之间信号及能量的传递任务。

3. 防盗控制器

防盗控制器是一个包含一个微处理器的电子控制器，只有在点火开关打开时才工作。它进行系统密码运算、比较过程，并控制整个系统的通信过程（包括与转发器的通信、与发动机控制单元的通信）、同时它还完成与 V.A.G1552 诊断仪的通信工作。

知识3　电子防盗装置的工作原理

防盗系统动用钥匙转发器与收发线圈之间的电磁感应并通过无线电波识别技术来阻止非法盗用汽车。桑塔纳 2000GSI 时代超人轿车电子防盗装置原理如图 6.6.6 所示。

在经过上海大众出厂匹配工序之后，每辆桑塔纳 2000GSI 轿车的防盗控制器就存储了本车发动机控制器识别码及三把钥匙中转发器的识别码，同时，每个转发器中也存储了相应的防盗控制器的有关信息。

当用户把钥匙插入锁孔并打开点火开关时，防盗控制器首先通过锁孔上的收发线圈将一个随机数传递给钥匙中的转发器，经过一番特定的运算后，转发器将结果反馈回防盗控制器；防盗控制器将之与自己经过相同特定运算的结果相比较，如果相吻合，系统即认定该钥匙。防盗控制器对发动机控制器也要通过特定的通信过程来完成鉴别过程。只有当钥匙（转发器）、发动机控制器的密码都吻合时，防盗控制器才允许发动机控制器工作。

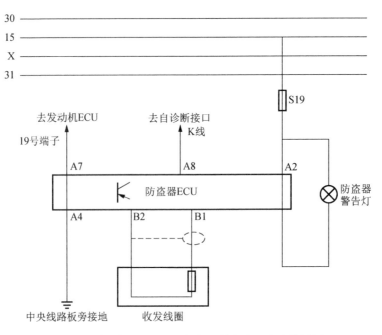

图 6.6.6　桑塔纳 2000GSI 时代超人轿车电子防盗装置原理

防盗控制器通过一根串行通信线（W-LINE）将经过编码的工作指令传到发动机控制器，发动机控制器根据防盗控制器的数据决定是否开动汽车。同时，V.A.G1552 诊断仪可以通过串行通信接口（K-LINE）对系统进行故障诊断、编码等操作。鉴别密码过程（大约 2s）中，副仪表板上的指示灯会保持点亮状态。如果有任何错误发生，发动机控制器将停止工作，同时指示灯也会以一定频率闪动。

◀◀◀ **实 训**

实训　汽车钥匙的匹配

实训准备

工作场景：理实一体化教室。

设备器材：桑塔纳轿车、常用工具一套。

技术要求：按照工艺标准，能够进行汽车钥匙的匹配。

实训操作

1. 汽车钥匙的匹配

（1）说明

01 在操作之前，必须将所有合法钥匙的代码清除。

02 必须将所有的汽车钥匙，包括新配钥匙与防盗控制单元匹配，同时完成匹配程序。

03 新配钥匙或者增加的钥匙数量，最多合法钥匙不能超过 8 把。

04 如果车主遗失一把合法钥匙，为了安全起见，必须将其他所有合法钥匙重新完成一次匹配钥匙程序。

05 匹配钥匙的程序必须输入密码，从车主保存的一块涂黑的密码牌上刮去涂黑层可见 4 位数密码。

（2）必要条件

01 必须使用汽车所有的钥匙。

02 必须知道密码。

（3）程序

连接 V.A.G1522，打开点火开关，输入 25 "防盗器地址词"，按 Q 键确认。

01 按 "→" 键确认，屏幕显示如图 6.6.7 所示。

Test of vehicle systems	HELP
Select function ××	

车辆系统测试	帮助
选择功能××	

图 6.6.7 按 "→" 键确认

02 输入 11 "输入密码"，屏幕显示如图 6.6.8 所示。

Test of vehicle systems	Q
11-Longin procedure	

车辆系统测试	确认
11——输入密码	

图 6.6.8 输入 11 "输入密码"

03 按 Q 键确认，屏幕显示如图 6.6.9 所示。

Longin procedure	
Enter code number ×××××	

输入密码	
输入密码号 ×××××	

图 6.6.9 按 Q 键确认

04 输入密码号，在四位数密码前加一个 "0"，如 01234。屏幕显示如图 6.6.10 所示。

```
Longin procedure              Q
Enter code number 01234
```
```
输入密码                       确认
输入密码号 01234
```

图 6.6.10　输入密码号

05 按 Q 键确认。正常情况下,屏幕显示应如图 6.6.11 所示。若屏幕显示如图 6.6.12 所示,则说明密码号输入错误,需要重新输入。(连续输错两次后,在第三次输入前,必须输入 06 退出程序,打开点火开关等 30min 以后再进行操作)

```
Test of vehicle systems       HELP
Select function ××
```
```
车辆系统测试                   帮助
选择功能 ××
```

图 6.6.11　按 Q 键确认密码正确

```
Function is unknown or        →
Cannot be carried out at moment
```
```
功能不清楚或                   →
此刻不能执行
```

图 6.6.12　密码号输入错误

06 输入 10"匹配"功能,按 Q 键确认。屏幕显示如图 6.6.13 所示。

```
Adaptation
Feed channel number ××
```
```
匹配
输入频道号 ××
```

图 6.6.13　输入 10"匹配"功能

07 输入 21"频道"号,按 Q 键确认。屏幕显示如图 6.6.14 所示。

```
Channel 21 Adaptation 2
                    <-1   3->
```
```
频道      匹配      2
                    <-1   3->
```

图 6.6.14　输入 21"频道"号

08 按"→"键，屏幕显示，如图 6.6.15 所示。

```
Channel 21 Adaptation 2
Enter adaptation value  × × × × ×
```
```
频道     匹配      2
输入匹配钥匙数   × × × × ×
```

图 6.6.15　按"→"键

09 输入 4 次"0"，再输入匹配钥匙数，如匹配 3 把钥匙，输入 00003。屏幕显示如图 6.6.16 所示。

```
Channel 21 Adaptation 2              Q
Enter adaptation value     00003
```
```
频道     匹配      2           确认
输入匹配钥匙数   00003
```

图 6.6.16　匹配 3 把钥匙

10 按 Q 键确认，屏幕显示如图 6.6.17 所示。

```
Channel 21 Adaptation 3          Q
                    <-1    3->
```
```
频道     匹配      3           确认
                    <-1    3->
```

图 6.6.17　按 Q 键确认

11 按 Q 键确认是否储存改正的钥匙数，屏幕显示如图 6.6.18 所示。

```
Channel 21 Adaptation 3          Q
Store changed value ?
```
```
频道     匹配      3           确认
是否储存改正的钥匙数？
```

图 6.6.18　确认是否储存改正的钥匙数

12 按 Q 键确认，屏幕显示如图 6.6.19 所示。

```
Channel 21 Adaptation 3
changed value is stored
```
```
频道     匹配      3           确认
改正的钥匙数数已储存
```

图 6.6.19　改正的钥匙数已储存

13 按"→"键，输入 06 "结束输出"，在汽车点火锁上的这把钥匙匹配完毕。

14 关闭点火开关拔出钥匙，然后插入下一把钥匙，打开点火开关至 1s。

15 重复操作，直到把所有的钥匙都匹配完毕。

2. 获得密码的方法

如果 4 位密码不知道，或者密码牌丢失，可按照以下步骤获得密码：

01 连接 V.A.G1522 打开点火开关，输入地址词 25，按 Q 键确认。

02 约 5s 后，观察屏幕显示，如图 6.6.20 所示，VWZ0T0456789 即为该车上防盗控制单元的 12 位数编号。

| 330 953 253 IMMO   VWZ0T0456789 V01 |
| Coding 00000   WSC01205 |

图 6.6.20　获得密码

03 将读出的 12 位数防盗控制单元编号，传到上海大众售后服务，然后由上海大众售后服务，将查得的密码传回。

考核评价

操作完毕后，结合表 6.6.1 对本次实训过程及结果进行客观的评价，包括学生自评、小组互评和教师总体评价。评分完成后，学生可填写学习体会，包括本次实训的完成情况、完成效果、收获体会和改进措施等。

表 6.6.1　考核评价表

序号	考核项目	分值	评分标准	自评	互评	师评
1	工量具的选择及正确使用	15 分	1）不能正确选择工量具，每次扣 3 分。 2）不能正确使用工量具，每次扣 3 分			
2	安全检查	5 分	发动机起动前不检查机油液位、冷却液位，每项扣 3 分			
3	故障现象确认	5 分	1）不能进行故障确认，扣 5 分。 2）确认方法不正确，扣 3 分			
4	维修手册使用	5 分	1）不会查阅维修手册，扣 5 分。 2）检查步骤不正确，扣 3 分			
5	诊断过程	30 分	1）诊断思路不正确，视情况扣 5～15 分。 2）检测方法不正确，每次扣 5 分。 3）不能判断检测结果，每次扣 5 分。 4）部件及总成拆装不熟练，扣 2～5 分。 5）造成元件损坏扣 20 分			

续表

序号	考核项目	分值	评分标准	自评	互评	师评
6	故障部位确认和排除	15分	1）不能确定故障位置，扣15分。 2）不能排除故障，扣8分。 3）不能进行故障修复后的检验，扣5分			
7	维修记录	5分	维修记录的填写不规范、不详细，扣1～3分			
8	安全文明生产	20分	1）不穿工作服扣1分，不穿工作鞋扣1分，不戴工作帽扣1分。 2）不安装翼子板布扣1分，不安装防护套扣1分。 3）工具与零件混放或凌乱，每次每处扣1分。 4）发动机不接尾气排放管，每次扣1分。 5）不放置三角木，扣1分。 6）工具或零件随意摆放在地上，每次扣1分。 7）垃圾未分类回收，每次扣1分。 8）竣工后未清理工量具，每件扣1分。 9）竣工后未清理工作场地，扣2分。 10）不服从考官、出言不逊，每次扣5分			

综合得分：	教师签字：

学习体会：

课堂练习

一、判断题

1．电子防盗系统主要由电子控制的遥控器或钥匙、电子控制电路、报警装置和执行机构等组成。　　　　　　　　　　　　　　　　　　　　　　　（　　）

2．防盗系统动用钥匙转发器与收发线圈之间的电磁感应并通过无线电波识别技术来阻止非法盗用汽车。　　　　　　　　　　　　　　　　　　　（　　）

二、单选题

大众汽车匹配钥匙的程序必须输入密码，从车主保存的一块涂黑的密码牌上刮去涂黑层可见（　　　）位数密码。

A. 2　　　　　B. 3　　　　　C. 4　　　　　D. 6

任务6.7　电动天窗的检修

◎ **任务目标**

1. 了解电动天窗的组成。
2. 掌握电动天窗的工作原理。
3. 能够对电动天窗进行保养与调整。

◀ ◀ ◀ 知识 📖

知识 1　**电动天窗的组成**

汽车天窗安装于车顶，能够有效地使车内空气流通，使新鲜空气进入，为车主带来健康、舒适的享受。汽车电动天窗主要由天窗、驱动机构、滑动机构、开关、电子控制单元（Electronic Control Unit，ECU）等组成，如图 6.7.1 所示。

（a）电动天窗实物图

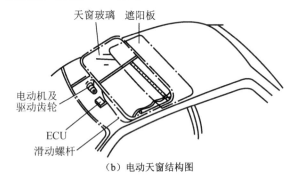

（b）电动天窗结构图

图 6.7.1　电动天窗

1. 驱动机构

电动天窗驱动机构主要由电动机、传动机构和滑动螺杆等组成。

1）电动机。电动机通过传动装置为天窗的开闭提供动力。电动机能双向转动，即通过改变电流的方向来改变电动机的旋转方向，实现天窗的开闭。

2）传动机构。传动机构主要由蜗轮蜗杆传动机构、中间齿轮传动机构（主动中间齿轮、过渡中间齿轮）和驱动齿轮等组成，如图 6.7.2 所示。齿轮传动机构接受电动机的动力，改变旋转方向，并减速增矩后将动力传给滑动螺杆，使天窗实现开闭；同时又将动力传给凸轮，使凸轮顶动限位开关进行开闭。主动中间齿轮与蜗轮固装在同一个轴上，并与蜗轮同步转动；过渡中间齿轮与驱动齿轮固装在同一个输出轴上，被主动中间齿轮驱动，使驱动齿轮带动玻璃开闭。

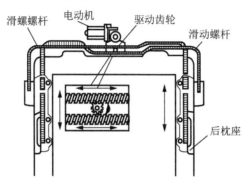

图 6.7.2　电动天窗传动机构

2. 滑动机构

电动天窗滑动机构主要由导向块、导向销、连杆、托架和前、后枕座等构成，如图 6.7.3 所示。

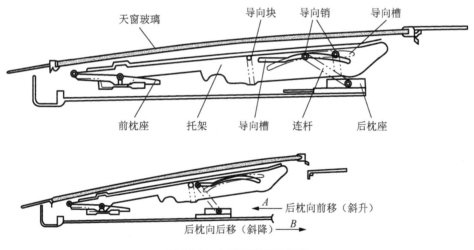

图 6.7.3　电动天窗滑动机构

3. ECU

ECU 是一个数字控制电路，并设有定时器、蜂鸣器和继电器等。其作用是接受开关输入的信息，通过数字电路进行逻辑运算，确定继电器的动作，以控制天窗开闭。

4. 开关

电动天窗的开关由控制开关和限位开关组成，如图 6.7.4 所示。

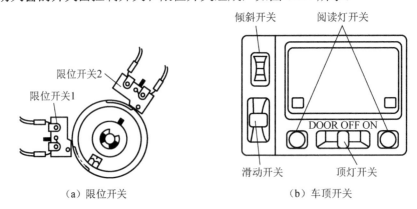

图 6.7.4　电动车窗的开关

1）控制开关。控制开关主要包括滑动开关和斜升开关。滑动开关有滑动打开、滑动关闭和断开（中间位置）3 个挡位。斜升开关也是有斜升、斜降和断开（中间位置）3 个挡位。通过操作这些开关，令天窗驱动机构的电动机实现正反转，在不同状态下正常工作。

2）限位开关。限位开关主要是用来检测天窗所处的位置。限位开关靠凸轮转动来实现断开和闭合。凸轮安装在驱动机构的动力输出端。当电动机将动力输出时，通过驱动齿轮和滑动螺杆减速以后带动凸轮转动，于是凸轮周边的凸起部位触动开关使其开闭，以实现对天窗的自动控制。

知识2　电动天窗的工作原理

电动天窗的控制电路如图 6.7.5 所示，其工作原理如下。

1. 电源电路

电动天窗控制继电器的⑫端子供电来自蓄电池正极，经过 FL MAIM.25B 易熔线、DOME 10A 保险丝后得到，这是一组常通供电电路。当将点火开关转至 ON 位置（IG1）时，就形成了如下的电流通路：蓄电池正极→120A 保险丝→40A 保险丝→点火开关闭合的 IG1 触点→GAUGE 10A 保险丝→电动天窗主继电器线圈→接地→蓄电池负极。此时，电动天窗主继电器线圈通电吸合，其常开开关触点闭合，从而又形成了如下的电流通路：蓄电池正极→120A 保险丝→40A 保险丝→POWER CB 30A 熔断器→电动天窗电源主继电器②与④端子间闭合的触点→天窗控制继电器⑥端子，使天窗的直流供电形成回路，只要进一步操作相应开关，就可对天窗进行调节。

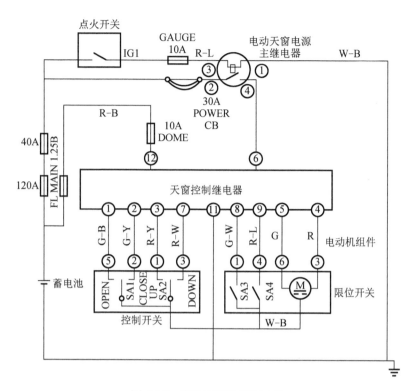

图 6.7.5　电动天窗的控制电路

2. 天窗打开过程

如果按下天窗控制开关 SA1 至 OPEN 侧，等效于将天窗控制继电器①端子接地，这时天窗控制继电器⑥端子与⑤端子、④端子与⑪端子接通，于是形成了如下的电流通路：蓄电池正极→120A 保险丝→40A 保险丝→POWER CB 30A 熔断器→电动天窗电源主继电器②端子与④端子间闭合的触点→天窗控制继电器⑥端子与⑤端子间接通的电路→电动机组件⑥端子→天窗电动机 M→电动机组件③端子→天窗控制继电器④端子和⑪端子间接通的电路→接地→蓄电池负极。此时，电动天窗电动机 M 中有从左到右流过的电流，电动机 M 起动正向运转，从而使天窗打开。

3. 天窗关闭过程

如果按下天窗控制开关 SA1 至 CLOSE 侧，等效于将天窗控制继电器的②端子接地，这时天窗继电器的⑥端子与④端子、⑤端子与⑪端子接通，由此就形成了如下的电流通路：蓄电池正极→120A 保险丝→40A 保险丝→POWER CB 30A→熔断器电动天窗电源主继电器②端子与④端子间闭合的触点→天窗控制继电器⑥端子与④端子间接通的电路→电动机组件③端子→天窗电动机 M→电动机组件⑥端子→天窗控制继电器⑤端子与⑪端子间接通的电路→接地→蓄电池负极。此时，电动天窗电动机 M 中有从右到左的电流流过，电动机 M 起动反向运转，从而使天窗向关闭的方向滑移。当天窗滑移200mm 左右，但不到全关位置时，限位开关 SA3 由 ON 转为 OFF，使天窗控制继电器⑧端子与接地间断开，随即停止天窗滑移。

4. 天窗上倾过程

如果将天窗控制开关 SA2 拨至 UP 侧，等效于天窗控制继电器的③端子接地，这时天窗控制继电器的⑥端子与④端子、⑤端子与⑪端子接通，形成的电流通路如下：蓄电池正极→120A 保险丝→40A 保险丝→POWER CB 30A 熔断器→电动天窗电源主继电器②端子与④端子间闭合的触点→天窗控制继电器⑥端子与④端子间接通的电路→电动机组件③端子→天窗电动机 M→电动机组件⑥端子→天窗控制继电器⑤端子和⑪端子间接通的电路→接地→蓄电池负极。

此时，电动天窗电动机中有从右向左的电流流过，电动机 M 起动运转，驱动天窗上倾。

5. 天窗下倾过程

如果将天窗控制开关 SA2 拨至 DOWN 位置，等效于天窗控制继电器的⑦端子接地，这时天窗控制继电器⑥端子与⑤端子、④端子与⑪端子接通，形成的电流通路如下：蓄电池正极→120A 保险丝→40A 保险丝→POWER CB 30A 熔断器→电动天窗电源主继电器②端子与④端子间闭合的触点→天窗控制继电器⑥端子与⑤端子间接通的电路→电动机组件⑥端子→天窗电动机 M→电动机组件③端子→天窗控制继电器④端子与⑪端子间接通的电路→接地→蓄电池负极。此时，电动天窗电动机 M 中有从左向右的电流流过，电动机 M 起动运转，驱动天窗下倾。

6. 保护指示

当滑移式天窗处于向上倾斜位置，两只限位开关在 OFF 状态时，将点火开关转至ACC 或 OFF 位置，则会发出蜂鸣声，提醒驾驶员注意滑移式天窗仍处于向上倾斜位置。该车天窗控制继电器相关端子间在各种状态下的导通情况见表 6.7.1。

表 6.7.1 天窗控制继电器端子间的导通情况

端子号	测量开关及位置		端子间导通情况	
①与地	OPEN	开	⑥-⑤　④-⑪	通
		中间		不通
②与地	CLOSE	开	⑥-④　⑤-⑪	通
		中间		不通
③与地	UP	开	⑥-④　⑤-⑪	通
		中间		不通

续表

端子号	测量开关及位置		端子间导通情况	
⑦与地	DOWN	开	⑥-⑤　④-⑪	通
		中间	—	不通
⑧与地	限位开关 1（SA3）	闭合	—	通
		断开	—	不通
⑨与地	限位开关 2（SA4）	闭合		通
		断开		不通
④与⑤	常通			通
⑫与地	常通			蓄电池电压
⑥与地	点火开关	LOCK 或 ACC		无电压
		IG		蓄电池电压

◀◀◀ **实　训**

实训　电动天窗的保养与调整

实训准备

工作场景：理实一体化教室。

设备器材：桑塔纳轿车、常用工具一套。

技术要求：按照工艺标准，对电动天窗进行保养与调整。

实训操作

1. 电动天窗的保养

（1）天窗保养的注意事项

01 在颠簸的道路上最好不要完全打开天窗，否则可能因天窗和滑轨间的振动太大而引起相关部件变形，甚至损坏电动机。

02 为了确保天窗完全防水，日常使用时要注意密封圈的防尘，尤其在冬季，要经常用除尘掸进行清洁。但是，要注意的是不能在有冰冻的情况下开启天窗。

03 在用高压水枪对车辆进行清洁时，不要将水柱直接对准天窗密封圈，这不仅容易使密封圈在高压水柱压力下变形而使车内进水，还有可能损坏密封圈。

04 如果车子常在风沙大的地方使用天窗，最好每个月用湿海绵轻擦天窗滑轨上的灰尘或泥沙。

05 如果车辆将长期停放或天窗长期不使用，可用细细的滑石粉或胶条专用的润滑剂涂抹天窗周围的胶条，如果天窗周围是使用绒质的，只要用清水和干净的布擦拭即可。

06 每 2～3 个月用湿海绵轻擦天窗滑轨和密封胶条，再喷上橡胶保护剂，并对天窗的传动机构和轨道进行润滑。

07 天窗的玻璃面板有隔绝热能和防紫外线的功能，请用软布和清洁剂清洗，勿用黏性清洗剂清洗。

（2）电动天窗的保养程序

01 将天窗完全打开。

02 用干净软布轻擦天窗滑轨上的灰尘。

03 选择不易吸附灰尘的润滑剂（这样的润滑剂能防止滑动部分和管道在运动过程中过早磨损，还能防止其他不正常的天窗故障，能起到延长天窗使用寿命的作用）。

04 对天窗活动部分和传动管道进行润滑，如图 6.7.6 所示。

图 6.7.6　对天窗进行润滑

05 将天窗完全打开、关闭几次，再用软布擦掉多余的润滑剂，以免污染车内饰品。

（3）电动天窗的季节保养

首先，是雨季。进入雨季前，天窗经受了冬天风沙的洗礼，在框架和密封条的缝隙中积存了大量的沙子，如不及时清理，进入雨季后，就会降低天窗的密封性，从而引起漏水现象。那么，如何保养此时的天窗呢？其实很简单，只需打开天窗，用软布将框架和密封条缝隙中积存的沙子清理掉就可以了。

其次，是冬季。冬季行车与车外温度相比，车内温度较高，这就使天窗周围的冰雪融化，隔夜后极易造成天窗玻璃与密封胶框冻住，此时，如强行打开天窗，易使天窗电动机及橡胶密封圈损坏，因此，要等车内温度上升至天窗玻璃与密封胶框解冻后，方可打开天窗。另外，洗车时，即使用热水，车身如未完全擦净，汽车在行驶中，天窗边缘残留的水也会冻住，所以，洗车后应当打开天窗将其周围擦干。最后，对于密封圈表面经过喷漆或者植绒处理的汽车天窗，喷漆处最好用软布擦干，再涂上滑石粉，而植绒处由于表面有黑绒，擦干即可；对于设有滑轨的电动天窗，冬季应当常常清理滑轨四周，以免沙粒积存，清理后要涂少许机油，切勿涂润滑油。

2. 电动天窗的初始化调整

01 首先保证天窗电动机和机械组必须处于"零位"。

02 拆卸驱动罩盖。

03 拔、插控制单元到电动机的插头，拔、插延迟时间应大于 3s，然后按照先连接挡位开关，再连接电源的顺序进行连接。

04 旋转挡位开关从关闭位置顺时针旋转一定角度（大约 15°），并在电动机没有运转起来前迅速把开关施至关闭位，然后按下挡位开关的一端（此操作同执行紧急关闭功能，并应在开关施至关闭位后的 5s 内完成），天窗开始进入初始化过程，即自动完成全开、关闭、翘起、关闭的完整操作。

05 天窗关闭后，释放挡位开关，初始化结束。

考核评价

操作完毕后，结合表 6.7.2 对本次实训过程及结果进行客观的评价，包括学生自评、小组互评和教师总体评价。评分完成后，学生可填写学习体会，包括本次实训的完成情况、完成效果、收获体会和改进措施等。

表 6.7.2　考核评价表

序号	考核项目	分值	评分标准	自评	互评	师评
1	工量具的选择及正确使用	15 分	1）不能正确选择工量具，每次扣 3 分。 2）不能正确使用工量具，每次扣 3 分			
2	安全检查	5 分	发动机起动前不检查机油液位、冷却液液位，每项扣 3 分			
3	故障现象确认	5 分	1）不能进行故障确认，扣 5 分。 2）确认方法不正确扣 3 分			
4	维修手册使用	5 分	1）不会查阅维修手册，扣 5 分。 2）检查步骤不正确扣 3 分			
5	诊断过程	30 分	1）诊断思路不正确，视情况扣 5~15 分。 2）检测方法不正确，每次扣 5 分。 3）不能判断检测结果，每次扣 5 分。 4）部件及总成拆装不熟练，扣 2~5 分。 5）造成元件损坏扣 20 分			
6	故障部位确认和排除	15 分	1）不能确定故障位置，扣 15 分。 2）不能排除故障，扣 8 分。 3）不能进行故障修复后的检验，扣 5 分			
7	维修记录	5 分	维修记录的填写不规范、不详细，扣 1~3 分			
8	安全文明生产	20 分	1）不穿工作服扣 1 分，不穿工作鞋扣 1 分，不戴工作帽扣 1 分。 2）不安装翼子板布扣 1 分，不安装防护套扣 1 分。 3）工具与零件混放或凌乱，每次每处扣 1 分。 4）发动机不接尾气排放管，每次扣 1 分。 5）不放置三角木，扣 1 分。 6）工具或零件随意摆放在地上，每次扣 1 分。 7）垃圾未分类回收，每次扣 1 分。 8）竣工后未清理工量具，每件扣 1 分。 9）竣工后未清理工作场地，扣 2 分。 10）不服从考官、出言不逊，每次扣 5 分			

续表

综合得分：	教师签字：
学习体会：	

课 堂 练 习

一、判断题

1．汽车电动天窗主要由天窗、驱动机构、滑动机构、开关、ECU 等组成。
（　　）

2．电动天窗驱动机构主要由电动机、传动机构和滑动螺杆等组成。　（　　）

3．在颠簸的道路上最好不要完全打开天窗，否则可能因天窗和滑轨间的振动太大而引起相关部件变形，甚至损坏电动机。　（　　）

二、单选题

电动天窗的开关由控制开关和（　　　）组成。
A．点火开关　　　B．限位开关　　　C．保险丝装置　　　D．继电器

参 考 文 献

郭禧光，李炳泉．1999．桑塔纳 2000 型轿车使用与维修手册．北京：机械工业出版社．

扈佩令，林治平．2009．汽车电气设备构造与维修．北京：机械工业出版社．

李炳泉．2000．桑塔纳 2000 型轿车构造．北京：机械工业出版社．

孙五一，王绍章．2007．汽车电气设备构造与维修学习指导与练习．北京：高等教育出版社．

于明进，于光明．2002．汽车电气设备构造与维修．北京：高等教育出版社．

周建平．2002．汽车电气设备构造与维修．北京：人民交通出版社．

周维夫．2000．桑塔纳 2000GLS/GLi/GSi 型轿车使用与维修．杭州：浙江科学技术出版社．